新时代
少先队员丛书

长大做先锋

河南省少先队工作学会　编

文心出版社
·郑州·

图书在版编目（CIP）数据

长大做先锋 / 河南省少先队工作学会编 . — 郑州：文心出版社，2021.9（2022.7 重印）

（新时代少先队员丛书）

ISBN 978-7-5510-2358-0

Ⅰ . ①长… Ⅱ . ①河… Ⅲ . ①中国少年先锋队 – 礼仪 – 少年读物 Ⅳ . ① D432.51–49

中国版本图书馆 CIP 数据核字 (2021) 第 012147 号

主编：崔　尧　刘金英　常　帅

出　　版	文心出版社出版发行	
	（地址：郑州市郑东新区祥盛街 27 号　邮政编码：450016）	
发　　行	新华书店	
印　　刷	保定市西城胶印有限公司	
版　　次	2021 年 9 月第 1 版	
印　　次	2022 年 7 月第 2 次印刷	
开　　本	640 毫米 × 960 毫米　1 / 16	
印　　张	8.5	
字　　数	128 千字	
书　　号	ISBN 978-7-5510-2358-0	
定　　价	29.80 元	

如发现印装质量问题　请与印刷厂联系　电话：0312-7182726

第一单元

历史先锋

新时代
少先队员

党的创始人之一

——李大钊

颁奖辞

　　他，点燃信念的火种，光芒照亮历史的天空，挺起胸膛只为家国情深。他，为革命四处奔波，事关党的机密绝口不说，面对危险镇定自若，毒刑拷打算得了什么，生死离别又奈他何。他就是中国共产党的创始人之一——李大钊。

读故事

　　1889年10月，李大钊在河北省乐亭县大黑坨村出生。李大钊从小学习勤奋刻苦，才思敏捷，在乡里很有名气。动荡的年代、艰辛的生活，造就了李大钊忧国忧民的情怀和沉稳坚强的性格。

　　1913年李大钊留学日本，1916年回国，在北京大学图

李大钊

书馆任主任，同时兼任经济学教授。他积极投身于当时正在兴起的新文化运动，相继发表了《法俄革命之比较观》《庶民的胜利》等文章，积极宣传十月革命和马克思主义，积极领导和推动五四爱国运动，是中国共产主义运动的先驱。

1921年7月，中国共产党第一次全国代表大会召开，中国共产党宣告成立，中国革命从此开启了新征程。李大钊是中国共产党的主要创始人之一。

1927年4月6日，军阀张作霖在北平逮捕了李大钊，把他关押在京师警察厅拘留所里。为了逼供，敌人对他施用了种种酷刑，但李大钊依然坚贞不屈，不仅没有透露一点党的机密，他的"供词"还成了一篇宣传马克思主义必胜的宣言书。

在拘留所里，李大钊不放过一切斗争机会，领导被捕同志进行狱中斗争，向监狱看守宣传革命。一天傍晚，一位监狱看守悄悄地塞给李大钊一封信，他打开一看，是党组织写来的。信中说，北方铁路工人知道他被捕后受了毒刑，义愤填膺，想要组织一支武装队伍，潜入看守所，营救他和同志们出狱。党组织来信征求他的意见。李大钊很欣慰，感到工人同自己心连心。他毅然拿起笔，借着从铁窗透进来的暗淡光线，写了回信："这种行动自然是工人同志们的革命精神和对于党、对于我的爱戴，但今天完全没有可能实现这种计划，拘留所处于重重武装戒备之中。我个人为革命为党而牺牲是光荣的，这已经是党的损失了。我不能再要同志们来做冒险的事业，而耗费革命力量。"工人们得到回信后，都被李大钊高尚的品德感动得落泪。

1927年4月28日，李大钊等20位革命同志被敌人用绞刑杀害。李大钊开创的伟大事业和留下的思想遗产将永远不可磨灭，他播撒的革命种子已经在中国大地上生根、开花、结果。

感品德

李大钊忍受着监狱的酷刑，还依然坚持宣传革命，我感受到了他机智勇敢、大义凛然的精神品质。

面对敌人的迫害，李大钊毫不退缩，坚守共产主义信念，不顾个人安危，一心报国，是我们学习的好榜样！

在行动

队员们，现在的我们生长在新时代，已经不用再经受战争的苦难了，如今我们正一步步向共产主义迈进。让我们努力读书、不断实践，争做共产主义事业的接班人吧！

抗日民族英雄

——杨靖宇

颁奖辞

　　他是中原大地上的一个英雄，他身经百战，出生入死，屡立战功，在冰天雪地、弹尽粮绝的紧急情况下，孤身一人与大量敌人周旋战斗几个昼夜后壮烈牺牲。他就是中华民族的骄傲——杨靖宇。

读故事

　　杨靖宇，原名马尚德，1905年出生于河南省确山县一个农民家庭。学生时代，他积极投身反帝爱国运动。1926年加入中国共产主义青年团。1927年，加入中国共产党。1928年春，先后到确山、信阳、开封、洛阳一带从事党的地下工作。1929年，杨靖宇调赴东北，与2岁的儿子、刚刚出生的女儿以及妻子告别，开始新一轮的革命工作。从那之后，这位爱国名将再也没有回过他的家乡，再也没有见过他的妻儿。

到东北后，杨靖宇化名张贯一，奉组织之命潜入抚顺煤矿，与工人们取得联系，恢复、重建被破坏的党组织，并领导工人同志们同侵占中国煤矿的日本矿主进行了一系列斗争。在斗争过程中，他曾连续5次被捕入狱，屡受酷刑：被皮鞭抽打、上老虎凳、灌马尿、压杠子、上大挂……日本侵略者的严刑拷打让他多次昏死过去，但是他依然坚守党的秘密，没有说出一个字。

冬天的东北，自然条件恶劣，抗联战士们缺乏武器和生活用品补给，但杨靖宇和东北抗联战士依然坚持抗战，顽强不息地坚持战斗。由于叛徒程斌等人的出卖，杨靖宇设立的70多个密营（用来隐藏物资和武器的营地）被敌人破坏了，使得杨靖宇部队被逼到了弹尽粮绝的境地。

1940年年初，杨靖宇部队的生活补给完全断绝。曾经身经百战的战士们不断被分割、打散，最后只剩下区区60人。日军包围圈已越来越窄，为了让更多的人突围出去，杨靖宇经过几个昼夜的考虑，决定化整为零、分散游击，但这样一来，留在他身边的战士更是寥寥无几。

1940年2月22日，正值农历正月十五，这位东北抗日联军第一路军总司令已经好几天没有吃饭了，他全身长满冻疮，脚上的棉鞋烂成一团，双脚冻得溃烂。饥寒交迫的杨靖宇遇上了上山砍柴的村民赵廷喜等人。赵廷喜劝他："日本人说只要投降就不杀头的，我看你还是投降吧。"在冰天雪地里，在敌人正四面合围的危急时刻，听到这样的"劝解"，杨靖宇笑了笑，声音微弱但坚定地说："老乡，如果我们中国人都投降了，还有中国吗？"

1940年2月23日，杨靖宇在河岸边被日军包围。日军指挥官试图劝降他："杨司令之昔日同志均已归顺，司令如能弃械归顺，定会受到重用。"但杨靖宇坚定地回答："无须多说，开枪吧！"于是，上百名日本军警一同上前围攻，杨靖宇虽孤身一人，却悍不畏死，与这群凶恶的侵略者展开了血战。

1940年2月23日下午，杨靖宇壮烈殉国，年仅35岁！

自1940年2月15日杨靖宇陷入重重包围以来，大雪封山，食物来源早已被切断，这些天他究竟是怎么活下来的呢？残忍的日寇为了解开心中的疑问，竟用刺刀剖开杨靖宇的尸身：他的肠胃里一粒粮食也没有，能看到的只有尚未消化的草根、树皮和棉絮。时任伪通化省警务厅厅长的岸谷隆一郎深受震撼，向他的部下感叹道：虽为敌人，睹其壮烈亦为之感叹，大大的英雄！

杨靖宇雕像

杨靖宇的不屈意志和惨烈牺牲让岸谷隆一郎又敬又怕，此后多年他都经受着良心的拷问，日夜难寐。1945年日本投降前夕，岸谷隆一郎在毒死自己的妻子儿女后剖腹自杀。他留下了一封遗书，里面这样写道："天皇陛下发动这次侵华战争或许是不合适的，中国拥有像杨靖宇这样的铁血军人，一定不会亡国。"

感品德

杨靖宇将军的一生是革命的一生，战斗的一生。他率领东北抗日联军在林海雪原的艰苦环境中与日寇血战。他以草根、棉絮充饥，战斗到最后一刻的气概，在亿万人民心中树起不朽的丰碑。

杨靖宇将军舍弃自己的儿女，把生命奉献给国家，是当之无愧的英雄模范。他的这种舍小家为大家的精神值得我们学习。

在行动

在平时的学习、生活中会遇到很多困难，我们应该如何面对呢？让我们一起向杨靖宇将军学习吧！不畏惧困难，为心中的目标坚持不懈，奋斗终身！

舍身炸碉堡

——董存瑞

颁奖辞

他出身贫苦，却志向远大；他只活到19岁，却为祖国立下赫赫战功；在危急时刻，他毫不犹豫托起炸药包，用自己的生命为部队开辟前路。他就是董存瑞，是永不熄灭的精神火炬。

读故事

在河北省隆化县北郊，长眠着模范共产党员、全国著名战斗英雄董存瑞的英灵。在苍松翠柏中，矗立着一座雄伟的纪念碑，碑上铭刻着朱德同志的题词："舍身为国，永垂不朽！"

1929年，董存瑞出生于河北省怀来县一个贫苦的农民家庭。他当过儿童团团长，13岁那年，曾机智地掩护区委书记躲过侵华日军的追捕，被当地群众誉为"抗日小英雄"。1945 年 7 月，董存瑞参加八路军，之后担任某部六班班长。1947 年 3 月加入中国共产党。在一次战斗中，他由于军事技术过硬，作战机智勇敢，只身俘敌 10 多人。他先后立大功 3 次、小功 4 次，被授予了 3 枚"勇敢奖章"、1 枚"毛泽东奖章"。他所领导的班获"董存瑞练兵模范班"称号。

1948 年 5 月 25 日，解放隆化的战斗打响。董存瑞所在连队担负攻击国民党守军防御重点——隆化中学的任务。担任爆破组组长的董存瑞，带领战友接连炸毁 4 座炮楼、5 座碉堡，胜利完成了规定的任务。随即，连队发起冲锋，突然，敌军一个隐蔽的桥形暗堡对董存瑞所在连队发起猛烈的火力封锁。部队受阻于开阔地带，二班、四班接连两次对暗堡爆破但均未能成功。董存瑞挺身而出，主动向连长请战："我是共产党员，请准许我去！"之后毅然抱起炸药包，冲向暗堡。前进中他虽

董存瑞手托炸药包

然左腿负伤，却坚持冲至桥下。由于桥形暗堡距地面超过身高，两头桥台又无法放置炸药包，危急关头，他毫不犹豫地用左手托起炸药包，右手拉燃导火索，高喊："为了新中国，冲啊！"碉堡被炸毁，董存瑞以自己的生命为部队开辟了前进的道路，牺牲时年仅 19 岁。

感品德

董存瑞面对困难不怕牺牲，勇往直前，关键时刻挺身而出，是当之无愧的英雄。

董存瑞在危急时刻顾全大局，团结协作，舍身为人，不顾个人安危，心里只有集体，我们要向他学习。

在行动

在中队生活中，我们也会遇到集体利益与个人利益发生冲突的时候，那时应该怎么办呢？比如当值日生需要早起，当图书管理员需要花时间做好记录，等等。当个人利益与集体利益发生冲突时，我们要以集体利益为重，锻炼自己，学会承担。

坚贞不屈的女共产党员

——江竹筠

颁奖辞

面对酷刑，她是千磨万击还坚劲的翠竹苍松；面对信仰，她是不输须眉之志的巾帼豪杰；面对人民，她是舍小家显大爱的忠诚女儿。她，就是江竹筠，是永垂不朽的江姐！

读故事

大家读过《红岩》吗？这里要为大家介绍的就是《红岩》中江姐的原型——江竹筠。

江竹筠，原名江竹君，1920年8月20日出生于四川省自贡市大山铺镇江家湾的一个农民家庭。1939年，江竹筠加入中国共产党，1940年任中共重庆新市区区委委员。

1947年，江竹筠的丈夫彭咏梧任中共川东临时委员会委员兼下川东地委副书记，领导武装斗争。江竹筠以川东临委及下川东地委联络员的身份和丈夫一起奔赴斗争最前线。1948 年年初，彭咏梧在组织武装暴动时不幸牺牲。江竹筠强忍悲痛，毅然接替丈夫的工作。她说："这条线的关系只有我熟悉，我应该在老彭倒下的地方继续战斗。"

1948 年 6 月 14 日，由于叛徒的出卖，江竹筠不幸被捕，被关押在重庆渣滓洞监狱。她受尽了国民党军统特务的各种酷刑：老虎凳、吊索、带刺的钢鞭、撬杠、电刑……敌人得知江竹筠是彭咏梧的妻子和助手，并掌握着川东云阳、奉节、巫溪、巫山等县的党组织和游击队的重要情况，就妄图把她当作突破口，获得重要情报。但江竹筠在敌人一个多月的酷刑审讯中，始终守口如瓶。后来，特务竟丧心病狂地动用各种酷刑，一根根竹签从她的手指尖钉进去，致使她一次次痛昏过去，但敌人依然一无所获。面对敌人的严刑拷打，江竹筠始终坚贞不屈："你们可以打断我的手，杀我的头，要

江竹筠一家

组织是没有的。""毒刑拷打，那是太小的考验。竹签子是竹子做的，共产党员的意志是钢铁铸成的！"在受刑最惨痛的日子里，江竹筠仍不忘关怀难友，参与并领导大家进行狱中斗争，被难友们亲切地称为"江姐"。在渣滓洞监狱里，还出现了难友们慰问江竹筠的动人情景：有的替她包扎伤口；有的给她写慰问信，他们用竹签当笔，蘸着红药水把赠言写在草纸上。其中烈士何雪松代表全体难友在献给江竹筠的诗中这样赞颂道："你是丹娘的化身，你是苏菲娅的精灵，不，你就是你，你是中华儿女革命的典型。"

1949年11月14日，在重庆即将解放的前夕，江竹筠被国民党军统特务杀害于歌乐山电台岚垭刑场，为共产主义理想献出了年仅29岁的生命。

感品德

我看到了江竹筠同志如钢铁一般的坚强意志。

江竹筠作为一名共产党员，为了党的革命事业，面对敌人的严刑拷打坚贞不屈，坚守信仰，是我们的巾帼英雄。

在行动

在日常生活中，我们或许不能和敌人斗智斗勇，不能体验艰苦环境下的生活，但我们可以从身边的小事做起，学习先辈们的顽强毅力，在学习过程中做一个固执的"倔小孩"，遇到困难坚持不懈去克服；学习先辈们永不言败的精神，在前进的道路上，一直努力，不轻言放弃！

全心全意为人民服务

——雷锋

在生活中，他甘为孺子牛，为人民服务是他的宗旨。在军队里，他发扬螺丝钉精神，苦练杀敌本领是他的口号。他用他有力的双手为那些有困难的人们撑起一片天。他用他温暖的心给予人民帮助。他的心里永远装着祖国和百姓。他就是雷锋，我们永远爱戴的雷锋。

读故事

雷锋，原名雷正兴，1940 年出生于湖南长沙，中国人民解放军战士，共产主义战士。1954 年加入中国少年先锋队，1960 年参加中国人民解放军，同年 11 月加入中国共产党。

雷锋在生活中乐于助人，全心全意为人民服务。

有一次，雷锋去安东（今辽宁丹东）出差，参加沈阳部队工程兵军事体育训练队。在1000里的出差路上，他做了一火车的好事。在抚顺车站一上火车，他就开始帮助忙碌的列车员干活：擦地板，擦玻璃，收拾小桌子，给旅客倒水，帮助妇女抱孩子，给老年人找座位，接送背大行李包的旅客……做完这些事，他又拿出随身带的报纸，给不认识字的旅客念报，宣传党的政策。就这样，他一直忙到列车到达沈阳车站。

在沈阳车站换车的时候，他发现检票口吵吵嚷嚷围了一群人，走近一看，原来是一个中年妇女没有车票，但还硬要上车。雷锋上前拉过那位大嫂说："你没有票，怎么硬要上车呢？"那位大嫂满头大汗地解释说："同志，我不是没车票，我是从山东老家到吉林看我丈夫的，不知啥时候把车票和钱都丢了。"雷锋听她说的是真实情况，就说："别着急，跟我来。"雷锋领着

雷锋在火车上

大嫂到售票处，用自己的津贴补了一张车票，塞到大嫂手里，说："快上车吧，车快开了。"那位大嫂说："同志，你叫什么名字，哪个单位的，我好给你把钱寄去。"雷锋笑道："我叫解放军，就住在中国。"说完就转身走了。那位大嫂走上车厢后，十分感动，泪眼汪汪地向他道别。

雷锋从安东回来，又在沈阳转车。他背着背包走过地下道时，看见一位白发苍苍的老大娘，她拄着拐杖，还背着个大包袱，正在吃力地迈着步子。雷锋走上前问道："大娘，您到哪儿去？"老人气喘吁吁地说："俺从关内来，到抚顺去看儿子呀！"雷锋一听跟自己同路，便立刻把包袱背到自己身上，扶着老大娘往前走："走，大娘，我送您到抚顺。"老人很高兴，直夸雷锋是个好孩子。进了车厢，雷锋给大娘找好座位，自己站在座位旁边。他把刚买来的面包塞进大娘手里，大娘边往外推边说："孩子，俺不饿，你吃吧！""别客气，大娘，吃吧！先垫垫饥。""孩子"，这亲热的称呼，给雷锋很大的感触，他觉得这就像是母亲叫着自己小名那样亲切。老人说，儿子出来打工好几年了，第一次来看他，也不知道儿子住在什么地方。雷锋安慰大娘说："大娘，您放心，我一定帮助您找到他。"

雷锋说到做到，下了火车就开始帮大娘打听，找了两个多小时才帮大娘找到儿子。这些事后来被战友们知道了，有人评论说："嘿，雷锋出差一千里，好事做了一火车！"

雷锋，是人民的勤务员，是乐于助人的典范，是人民可敬可爱的"傻子"，是孩子们的知心人，是战友们心中的模范班长……

1962年8月15日，雷锋以身殉职，年仅22岁。

感品德

雷锋做好事不留名，用心帮助身边的每一个人，这才是真正的全心全意为人民服务。

雷锋是从一名少先队员成长为一名优秀的共产党员的，我们也要向雷锋学习，听党话、跟党走，刻苦学习，乐于助人，做一名优秀的少先队员。

在行动

雷锋是如何践行全心全意为人民服务的宗旨的呢？就是从身边的小事做起。我们作为少先队员，更要从自身做起、从小事做起，遵守校规校纪，尊老爱幼，多多帮助身边的人。让我们开始这美好的"学雷锋行动"吧！

第二单元

改革先锋

新时代
少先队员

农民致富的领头人

——史来贺

颁奖辞

他21岁当选村党支部书记，挑起了带领全村人治穷致富的重担；他潜心研究棉花种植经验，使皮棉平均亩产量达到当时全国平均产量的3倍；他带领全村人把贫困村变成闻名全国的社会主义新农村。他就是农民致富的领头人——史来贺。

读故事

2003年4月23日，正是"非典"肆虐之时，一位中国"著名农民"，也是一位"传奇农民"——河南省新乡市刘庄村原党支部书记史来贺，在这一天走了。史来贺去世后，刘庄村村民专门为他建立了纪念馆和网上灵堂。一位网友在网上这样留言：

"您走了7年了，在这7年里咱庄变化很大，您亲自设计的新村别墅，全村人都已经住进去了。现在村里的人更加幸福了，全村老少最遗憾的就是您没有住进来，有的老人甚至还想着您还在北京开会，等您回家呢。"

刘庄村地处太行山南麓黄河故道，母亲河几次转身，给这块土地留下了4条3米多深、纵横交错的荒沟和750多块高低不平的荒地。

新中国成立前，刘庄村是方圆十里最穷的村，有一年曾饿死60多口人。当地还流传着这样的顺口溜："方圆十里乡，最穷数刘庄。住的土草房，糠菜半年粮。逃荒把饭要，忍痛卖儿郎。"

1952年，21岁的史来贺当上了刘庄村党支部书记。一上任，他就遇到了大难题。那年秋天，连降大雨，麦子生霉发芽，棉花地被淹。本来等着丰收，最后却是白白辛苦一场，很多村民都准备逃荒离开这个地方。史来贺就和干部们一起做群众工作，带领大家一起排水排涝，种萝卜、蔓菁，还建起了面粉坊、豆腐坊、砖瓦窑，并带领大家到10多公里外的黄河滩割草。短短半年时间，就让村里人分了4次红，每家还分了白面。大家纷纷为这个年轻的党支部书记竖起大拇指，村民们也更加有信心了。

史来贺的努力换来了村民的拥戴。他也有条不紊地开始了治穷富村的大计。从1953年开始，随着新中国治理黄河水利

史来贺在工作

工程的进度和步伐的加大，史来贺带领刘庄人用车推、用肩挑、用手抬，用了整整20年，投工40万个，动土200多万立方米，硬是把"盐碱洼""蛤蟆窝"变成了"旱能浇，涝能排"的高产稳产田。为了提高单位面积产量，刘庄成立了由干部、技术员和老农组成的"三结合科研小组"，重点研究棉花如何高产稳产。他和请来的技术员带着小锅在棉花试验田里一住就是8年，总结出一套植棉经验，使皮棉平均亩产达到56公斤，这是当时全国棉花平均产量的3倍。

如今，刘庄的农业生产已全部实现机械化、水利化和科学种田，19个人管理着1050亩耕地，粮食亩产稳定在1000公斤以上。

种粮种棉解决了刘庄人的温饱问题，但持续增产的潜

力有限。如何让群众尽快富起来成了史来贺要着力破解的难题。经过一番考察，史来贺选择了最适宜刘庄发展的畜牧业。那时候，村里的家底还不厚实，史来贺花90元钱从新乡市买回3头瘦弱的小奶牛。牛牵回来时，村里人开玩笑说："老史，你买的是啥呀？老鼠和狗都能衔走。"史来贺说："走着瞧吧！有苗不愁长，没苗不用想。"

史来贺的努力没有白费，3头小奶牛不仅活下来了，还带来了收益。乘胜追击，他又派人到新疆买回了27匹母马。经过精心繁育，由3头小奶牛起家的小畜牧场发展成为拥有上千头牲畜的大畜牧场，这个大畜牧场成为刘庄发展商品经济的突破口。

史来贺坚定地说："要让乡亲们从内心感到社会主义好，就是要让群众感到能过上好日子。我是铁了心的，要豁出命来改变贫穷面貌。"

1978年，全国农村推行家庭联产承包责任制。史来贺对中央的这次"大动作"非常重视，他逐字逐句地反复领会文件精神，从本村实际出发，成立了刘庄农工商联合社，实行了"综合经营、专业生产、分级管理、奖惩联产"的生产责任制。在一片争议声中，刘庄人用自己的实践证明了史来贺的决断和刘庄人的选择是正确的。

刘庄工业的起步可谓传奇。1974年，村里拖拉机上的喇叭坏了，到处买不到新的，两名司机就试着自己修理，没想到还真给修好了。史来贺听说后，高兴得不得了："咱既然能修好喇叭，为啥不能造喇叭哩？"这些"泥腿子们"硬是鼓捣出叫得山响的喇叭，刘庄的小喇叭很快在大江南北吹响。从此，刘庄有了机械厂，有了第一批"洗脚上田"的"工人"。尝到甜头的史来贺带领刘庄人又陆续建起了食品厂、造纸厂、淀粉厂等，不仅有效转移了剩余劳动力，还多渠道拓宽了集体经济增长点。

但是他们并不满足于这些成绩，史来贺和村党支部成员又琢磨着向高科技进军。经过反复考察，史来贺等村支部班子决定引进高科技生物工程技术，建一座全国最大的生产肌苷的华星药厂。"这高、精、尖项目，咱'泥腿子'能搞成？"史来贺为了打消村民们的顾虑，与村里签订了"不对等"协议。协议规定，由史来贺负责筹集建厂资金，厂子赢利了，工厂和收益全部归集体，要是办砸了，全部损失由史来贺承担。史来贺"赌"赢了，但是他把工厂及全部收入无偿交给了村集体。

现在，华星药厂拥有职工数千人，管理工程技术人员500多人，占地面积66万平方米，建筑面积26万多平方米，固定资产数10亿元。另外，该厂还是目前国内最大的肌苷生产企业和全球最大的抗生素原料药生产基地之一，他们生产的青霉素系列产品有80％以上出口。

在史来贺的领导下，刘庄投巨资建起了高标准的学校，村里的娃娃不出村就能免费从幼儿园读到高中，务工人员的子女在刘庄上学，也一样享受免费教育。谁家孩子考上大学，所有的学费和生活费都由村里承担。另外，刘庄还选派回村高中生到高等院校、科研单位进修，并邀请大专院校到村里办班。同时村里还建起了科技大楼、卫星地面接收站和电视差转台，开办了图书馆、阅览室和青年民兵之家。

这个由14个姓氏、356户人家组成的村庄，几十年来，无宗族矛盾、派别之争，也没有违法犯罪、超计划生育、封建迷信等现象。在刘庄，文明行为蔚然成风，能让你感受到浓厚的乡风、古朴的民风。就是在这样一片土地上，史来贺带领刘庄人因地制宜地艰苦创业50多年，使集体经济快速发展，将刘庄村变成了"红色亿元村""中原首富村"，闻名全国。

感品德

没有史爷爷，就没有刘庄村民如今的幸福生活，史爷爷就是我们要学习的先锋。

成为先锋榜样的人，要做到以身作则，像史爷爷那样和村民一起奋斗。我们作为少先队员，也要向史爷爷学习，以优秀少先队员的准则严格要求自己，努力学习、努力锻炼，积极帮助有困难的同学，将来也把自己的家乡建设好。

在行动

读了史爷爷的故事，大家是不是很受鼓舞？和队员们开展一次深入寻访吧！走进刘庄，了解更多史爷爷全心全意为人民服务的故事吧！

杂交水稻研究的开创者

——袁隆平

颁奖辞

　　面朝黄土，辛勤耕耘，他是挽起裤管下田的杰出高科技专家；造福世界人民，他为人类战胜饥饿作出了中国贡献。他就是改革先锋——杂交水稻研究的开创者袁隆平。

读故事

　　袁隆平，1930年9月生，江西省九江市德安县人，中国杂交水稻育种专家，被誉为"杂交水稻之父"。袁爷爷心中有一份很强烈的责任感，研究杂交水稻对他来说不只是工作，更是一份维护国家安全的赤诚初心。为了把中国人的饭碗牢牢地抓在自己手中，袁爷爷于田间专注研究水稻，几十年初心始终未改。袁爷爷成功的秘诀是什么呢？就让我们来听听袁爷爷的解答吧！

2011 年，在首都高校举办的"科学道德和学风建设宣讲教育"报告会上，袁爷爷为首都 32 所高校近 6000 名新入学的研究生作了题为"发展杂交水稻，造福世界人民"的报告。袁爷爷向学生们讲述了研究杂交水稻的过程和体会，教导学生要在平时的生活中积极发现问题、潜心研究，秉承孜孜不倦、脚踏实地、毫不气馁的科学精神，用知识、汗水、灵感和机遇在科研道路上走向成功。"知识、汗水、灵感、机遇"这 8 个字就是袁爷爷的成功秘诀。

首先是知识。袁爷爷认为，在"知识、汗水、灵感、机遇"这几个要素中，知识是创新的基础。除了要对自己从事的专业很熟悉，还应掌握一些相关领域的知识，开阔视野。要了解行业的最新发展动态，与时俱进，并且要具备阅读外文资料的能力，了解国外的发展现状。

其次是汗水。任何一项科研成果都来自深入细致、脚踏实地的苦干，这就需要流汗。比如搞育种研究，这是一门应用科学，需要实践，要到田里面去干，这是很辛苦的。袁隆

袁隆平在田间工作

平表示，"你不下田，我就不培养你，我说书本知识非常重要，电脑技术也是很重要，但是书本里面种不出水稻来，电脑里面也种不出水稻来"。

再次是灵感。袁爷爷的体会是，灵感是知识、经验、思索和孜孜追求综合在一起升华的产物，当你积累得足够多时，它往往在外来因素的刺激下会突然冒出来，擦出火花。灵感在科学研究与艺术创作中，都是相当重要的。灵感以思想火花的形式出现，往往一闪而过，刻意去找是找不到的，常由一种外在因素诱发产生。他举了当年他发现"鹤立鸡群"的稻株，"忽然"间产生"天然杂交稻"念头的例子，这就是一种灵感。但袁爷爷表示，这灵感是他多年来不停地探索和思考的结果。如果没有前期的探索与思考，这高的高、矮的矮的"特殊"稻株就只会被认作是一堆废品。

最后是机遇。雄性不育野生稻的发现为杂交水稻研究的成功打开了突破口。袁爷爷认为机遇偏爱有准备的头脑，要做个有心人，还要有专业的知识储备，这样才能慧眼识珠，否则，"即使身在宝山，也不见得能够识得出"。

袁爷爷不畏艰辛、执着追求、大胆创新，勇攀杂交水稻科学技术的高峰，建立和完善了一整套杂交水稻理论和应用技术体系，创建了一门系统的新兴学科——杂交水稻学，为造福世界人民、为人类战胜饥饿做出了中国贡献。

感品德

我要学习袁隆平爷爷发现问题、潜心研究、孜孜不倦的科学精神。

我要学习袁隆平爷爷脚踏实地、毫不气馁的奋斗精神。

在行动

队员们，任何成功都不是偶然取得的，让我们脚踏实地、善于思考、大胆创新、不畏艰辛、执着追求、努力学习，以实际行动为祖国繁荣昌盛贡献自己的力量。

国企改革"邯钢经验"的创造者

——刘汉章

他被称为"钢铁巨子",他敢于革命,为国家做出重大贡献,被誉为我国"工业战线上的一面旗帜"。他就是国企改革"邯钢经验"的创造者——刘汉章。

读故事

刘汉章,1936年出生于河南巩县(今巩义市),1956年毕业于太原冶金工业学校,同年到鞍钢工作。1958年调到邯郸钢铁总厂工作。1984年,刘汉章出任河北邯郸钢铁总厂厂长。当时,国企的发展还算不错。但到了1989年,钢材售价下跌,原料、燃料、运费等大幅上涨。邯钢生产的钢材,多数出现亏损。刘汉章为此彻夜难眠,但28个分厂的职工似乎没有感觉到这种压力，他们工资照发，奖金照拿。

那个时候，一些国企还期待政府"开小灶"，坐等市场好转，但对市场动向很敏锐的刘汉章已经开始带领一班人进行自我"革命"了：解放思想，走向市场！

刘汉章带领干部职工，创立并推行了在今天看来似乎很简单的经营机制——模拟市场核算，实行成本否决。企业根据市场上产品售价和原料价格来计算目标成本和目标利润；从产品在市场的价格开始，从后向前核定，直至原材料采购；以成本和效益决定分配和对干部业绩进行考核，完不成成本指标，否决全部奖金；每个人都要分担成本指标或费用指标，实行全员或全过程的成本管理。

打破"大锅饭"，邯钢 10 万多个成本指标，落到 2.8 万名职工头上，形成"千斤重担人人挑，人人肩上有指标"的责任体系。

1991 年 1 月，邯钢开始推行这项改革，当年前三季度，邯钢实现利税同比增加 6351 万元，增长 70%，位于全国同行业前

刘汉章和工人在一起

列。曾经连续 5 个月亏损的邯钢，改革后接连盈利：1991
年利润增至 5020 万元；1992 年实现利润 1.49 亿元；1993
年上升到 4.5 亿元；1994 年跃上 7.8 亿元……5 年的效益超
过此前 32 年的总和。

邯钢改革引起了社会的密切关注。1992 年 4 月，冶金
部在邯钢开现场会交流"邯钢经验"，在冶金行业推广邯钢
的改革创举。1993 年 5 月，国家经贸委组织 29 个省、市、
自治区经贸委主任，部分企业负责人到邯钢学习。1996 年
1 月，国务院发出通知，要求各地区、各有关部门结合实际
学习推广"邯钢经验"。

2008 年 6 月，邯钢与唐山钢铁集团联合组建成立河北
钢铁集团，成为当时国内最大的钢铁企业。

2009 年 11 月，刘汉章去世，但改革的脚步并没有停
止。邯钢钢产量从 1978 年年底的 27 万吨，增至 2017 年的
1300 万吨，总资产从 1978 年年底的 4 亿多元，增至 2017
年年底的 1028 亿元。

感品德

我要学习刘汉章爷爷无私奉献、艰苦奋斗的精神。

我要学习刘汉章爷爷解放思想、改革创新的精神。

在行动

　　队员们，我们的中队我们做主！让我们行动起来，创新开展组织教育、自主教育、实践活动。今天我们是少先队的小主人，明天我们做社会主义合格的建设者和接班人。

乡镇基层党员干部的优秀代表

——吴金印

颁奖辞

　　他担任乡镇党委书记40多年来，不忘初心、牢记使命，把群众当亲人，扎根农村基层，苦干实干，带领群众干出了使荒山野沟变成米粮川的不平凡业绩。他就是改革先锋——乡镇基层党员干部的优秀代表吴金印。

读故事

　　在河南省卫辉市唐庄镇，有一位老人，镇上的乡亲们都认识他。有人叫他"老吴"，有人称他"吴叔"，还有人尊称他"吴爷爷"。风雨几十年，他的穿戴从未改变——绿军帽、棉衬衣、黑布鞋，一副庄稼人打扮。他把村民当作亲人，把奉献当作毕生的追求，用智慧和信念实现对人民和国家的承诺！

"我是农民的儿子，我离不开他们。"这是 1966 年 8 月吴金印在一份决心书上写下的一句话。那时候，吴金印 24 岁，刚从中央团校学习归来，主动要求到农村最艰苦的地方去工作。

"还是让我到农村去吧，越是艰苦的地方，越能锻炼人。"他跟领导郑重地谈了自己的想法。组织上同意了他的请求，把他派到地处太行山深处的狮豹头公社。那里是全县最穷最苦的地方，山高沟深，资源贫乏，交通闭塞。全公社一共有 2 万多人口，有百分之九十的人吃粮靠统销、花钱靠救济，遇到天旱，好多地方的群众连水都吃不上。

到狮豹头公社报到的当天，他就背着行李到靳庄大队驻队去了。大队干部安排他住在大队部，但吴金印心里却不是个滋味。他找到靳庄大队支书孔现银说："老孔，我知道你是关心我。在大队部住，一个人一间房，又卫生又清静，可我总觉着心里空落落的，不是个滋味儿啊。"孔现银有些为难，说："以前上头来人都在大队部住。咱这里苦寒，哪个人家也没有大队部的条件好，我是怕你……"吴金印说："俺是来接受贫下中农教育的，不和他们同吃同住同劳动，社员心里想的啥，咱不知道；咱心里有啥想法也不能跟他们交流，两张皮，这会中？活鱼水中游，死鱼水上漂。你替我找个出身好、最困难的人家，我就在那里住。"最后，选定了全大队最穷的牛德英家。

吴金印到牛德英家的时候，正赶上他们吃午饭。吴金印来到牛德英跟前，说："大娘，让我看看你们吃的啥。"是糠团和野菜。他从牛德英手中端过饭碗喝了一口，那菜汤连盐都没有，又苦又涩。他慢慢品味着，眼泪唰地流了下来。他在心里默默地想："我吴金印要是不能把群众碗里的糠团变成白面，就不配当共产党的干部！"那天下午，吴金印向县委写了决心书：为改变山区面貌，我十年不下山！

吴金印在狮豹头待了15年，有7年多住在群众家里，另外7年多住在造田工地上。但无论住在哪儿，他都会给主人家打扫卫生、挑水，帮助他们解决生活上的困难。

吴金印在工作

吴金印视群众如父母，群众拿他当亲人。吴金印总是忘不了杨务新老两口杀鸡招待他的经历。杨务新是池山大队的一个五保户，老两口都60多岁，无儿无女。

吴金印在池山的那段日子，每天都给老两口担水。时间长了，老两口感觉很愧疚，总是念叨：人家吴金印跟咱一不沾亲二不带故，这样照顾咱，咱拿啥报答人家？

有一天，大队给吴金印派饭派到他家，老两口高兴得团团转。但是家里也没有什么好吃的能拿出手，老两口就想到了他们家的鸡。那两只老母鸡是他们家最值钱的，也可以说是他们家的小"银行"，吃盐、打油全靠鸡蛋去换。老两口决定把那只最肥的母鸡杀了，并用文火炖了一上午。吃晌午饭的时候，老两口把炖好的鸡和鸡汤用盆子盛好，端到吴金印面前，笑眯眯地说："吃吧！"

"你们这是……"吴金印瞧着鸡汤，瞧着两位老人充满爱意的目光，心里一热，不知说啥好了。吴金印对杨务新说："你们先吃吧，我有点事出去一下。"老两口在屋里左等右等不见吴金印回来，四处寻找，发现吴金印在别人家正吃着手中端着的红薯稀饭。杨大娘哭着说："你这是咋哩？给你炖的鸡，你为啥不吃？为啥不吃？"老两口站在那里哭着不走。吴金印也哭了，说："你们的心意我领了。可我是干部，不能搞特殊，不能脱离群众啊！"那只鸡他虽然没有吃，但这件事却深深地刻在他心里。

这些经历，是心灵的乳汁，滋养着吴金印。他说："我那时候年轻，是朴实的山里人教我懂得了啥叫善良、啥叫感恩。

这一辈子，啥时候想起他们，心里都是暖烘烘的，觉得不尽心尽力地为老百姓办事，就是没良心，就是不孝之子！"

正是有这种感情的支撑，吴金印的人生有了更加明确的方向、有了动力。在狮豹头，2600多道岭、2700多条沟、三四十个大队、几百个自然村都留下了他的足迹。春天，他跟群众一起找水源、修水池、上山挖地、下河造田；冬天，他背着救济粮，带着救济款，来瞧瞧群众碗里盛的啥、身上穿的啥、床上盖的啥。几十年来，不论走到哪里，他都没有忘记自己的责任：帮助群众圆那个温饱梦。

说到跟群众的感情，吴金印有一番感慨。他说："咱当干部的，不要成天想着'我要联系群众'，更不能嘴上喊着'我在联系群众'；真正的联系群众，就是根本不把自己当成官，要把自己当成老百姓。这样一来，遇事你就会自觉地替群众着想；跟群众在一起，你就会自然而然地放下身架。"

吴金印在狮豹头公社工作期间，一穷二白的山区发生了巨大变化。后来，吴金印调任唐庄镇党委书记，带领群众大力发展高效农业，产业集聚区引进企业30多家，2013年全镇实现工农业总产值40多亿元。几十年来，他扎根基层，与群众同甘共苦，带领群众脱贫致富，在平凡的岗位上做出了优异的成绩。

感品德

我要学习吴金印爷爷为人民服务的初心！

我要学习吴金印爷爷热爱人民、无私奉献的精神。

在行动

队员们，让我们按照习爷爷提出的"记住要求，心有榜样，从小做起，接受帮助"的16字要求，学习吴爷爷无私奉献的精神，努力践行社会主义核心价值观，争做新时代好队员！

塑造传承"女排精神"的优秀代表

——郎平

颁奖辞

她曾是中国女排的绝对主力，也担任过中国女排的主教练，她是"女排精神"的践行者和主要缔造者，她就是改革先锋——塑造传承"女排精神"的优秀代表郎平。

读故事

1960年12月10日，郎平出生在天津市一个贫寒之家，郎平的母亲每个月都要为粮票发愁，瘦瘦小小的郎平经常生病。后来，在父亲郎家骅的鼓励和影响下，郎平每天都奔跑、跳跃，进行锻炼，慢慢地，她喜欢上了运动，身体也越来越强壮。

在郎母的眼中，郎平是一个乖巧的孩子，她唯一叛逆的事情，就是14岁那年瞒着母亲去体校报名。老师觉得郎平有运动天赋，便让她去体校训练，但郎母不同意，她觉得郎平成绩好，应该冲刺清华大学。

郎平报名体校的事情被母亲发现后，体校老师答应郎母，如果郎平以后进不了北京队，也保送她进北京体院，郎母这才勉强答应。郎平得到母亲的允许后，便决心把排球打出个成绩，她经常周末都不回家。大概是锻炼强度太大，郎平骨膜发炎，医生嘱咐她不要剧烈运动。

那段日子里，郎平只能坐着练习托球，心思细密的她总是留心观察教练是如何训练别人的。身体恢复之后，她进步特别快，教练直夸她悟性好。郎平连跳四级，从体校到了北京青年队，又从北京青年队进入国家队，从此开启了她精彩的排球生涯。

20世纪七八十年代，中国女排处于弱势地位，日本女排则有"东洋魔女"之称。在教练大松博文的严苛训练下，日本女排屡次夺得世界冠军。日本女排的这种训练方法被引入中国，包括郎平在内的队员，在教练袁伟民的带领下，进行魔鬼式的训练。

那时候，每天早中晚，郎平都要各练习扣球300下，经常会练到手臂发麻。为了加大训练强度，她还要和男陪练一起练习。手臂红肿，球砸破脸，流鼻血，这些都是"家常便饭"。那时候，郎平有个外号叫"朝阳大炮"，就是因为她对自己特别狠。

在这种狠劲儿下，1981年，郎平随中国队参加第三届女排世界杯。

在那场中日大战中，她以一记暴扣击败日本队。中国女排七战全胜，拿下中国三大球（足球、篮球、排球）的首个世界冠军。全队扣球1116次，其中郎平一人扣球407次，命中率极高。从此，她的名字响彻世界体坛：中国的铁榔头，一锤一个雷霆！

之后的1984年，她再次在奥运会上大放光彩，接着，一次次中国神话被创造，揭开中国女排"五连冠"的黄金年代。其中四个冠军，是郎平作为主力打下来的。

26岁，是运动员最好的年龄，郎平却做出了一个让大家很不理解的决定——宣布退役。大家只是单纯地认为她将不再为国争光了，却不知道她背后所吃的苦：伤病疼痛一直都没有离开过她，因为过长过强的超负荷训练，她的身体早

郎平

就出现了很多问题。膝关节老伤严重，前后做过 12 次手术，平时甚至还会因磨损而掉出碎骨片。比膝关节伤得更严重的是她的腰，她每天都必须戴着一个护腰，只有靠吃止疼片才能维持在场上不倒。

1986 年，退役后的郎平被国家安排到北京市体委，任职副主任。这是个旁人求之不得的"清闲"活儿，郎平却拒绝了，她说："我不是个当官的料。"1987 年，郎平决定赴美留学，非议扑面而来。有人说："郎平是中国女排的象征，民族英雄不该加入出国潮。"她说："我不能躺在冠军的奖杯里，吃一辈子的老本儿。从女排的队伍退下来，我什么也不是，必须从零开始，开辟新路。"这个决定不是闹着玩儿的，此后的留学生涯，让郎平吃尽了苦头。

8 年海外磨砺，郎平终于经过严格的考试，取得体育管理专业的硕士学位。

白岩松说："有郎平的地方，就有奇迹发生。"毕业之后的郎平，先后担任了新墨西哥大学女排主教练和日本八佰伴世界超级明星队主教练。此时的郎平，已经到了带哪个队，哪个队就能夺冠的地步，是名副其实的"香饽饽"。然而，在 1995 年，郎平放弃了国外优越的生活，回到了祖国。

自郎平退役后，中国女排主力球员也相继退役。从1988年开始，中国女排的成绩便一路下滑。1992年奥运会排名第七；1994年世锦赛更是掉到第八。曾经风光一时的中国女排沦为一支二流球队。

这时候，国家体委想到了郎平。然而，此时的郎平在国外的年薪至少20万美元，她会愿意回国拿着500元人民币的月薪吗？体委没有抱任何希望地给郎平发了份电传："郎平，祖国真的需要你！"这句话让郎平心头一酸。经过反复衡量，郎平做出了回国的决定："我离开国家队这么多年，但大家还是想着我，尤其在女排最困难的时候，要把这副担子交给我，这是一种信任和托付。"郎平毅然决然回到了祖国，将全部的心血倾注在一盘散沙的中国女排上。

1995—1998年，在郎平的带领下，中国女排开始一点点复苏，但这一切的成绩都是郎平拿健康换来的。"全身的关节没有一处是好的，晚上睡觉时，身体和床之间所有缝隙都要塞紧，否则会疼得难以入睡，心脏也像老人一样无力。"郎平回忆道。直到出现了多次昏厥，郎平才知道，真的撑不下去了，这种情况下如果继续带队，"这是对中国女排的不负责"。

1999年年初，郎平依依不舍地离开了中国女排，在告别会上，这个已到不惑之年的"铁榔头"泪流满面。

当郎平再次回归中国女排时，已经是 14 年之后的 2013 年。这次的郎平，依旧是临危受命。中国女排再次跌入谷底，在 2012 年伦敦奥运会上，甚至败给了 30 年手下败将的日本队。

"郎平，祖国真的需要你！"这是郎平此生都无法拒绝的一句话。只是，这次郎平提了一个条件——必须保证我对女排选人用人的话语权。该换血时就换血，该洗牌时就洗牌，再次回归的郎平，推出了一系列改革措施：取消了军事化管理，发掘了朱婷、袁心玥、张常宁等一大批人才。

郎平允许她们化妆打扮，允许她们看电视剧、上网购物，等等，让她们生活得高高兴兴的。这群"90 后"姑娘不仅变美了，在国际赛场上也更有竞争力了。

在后勤医疗上，郎平也是花费了很多心思：从美国请来最专业的体能训练专家和伤病康复专家，取消了蹲杠铃等损害膝盖的练习，取而代之的是科学化的管理和训练，女排姑娘们的伤病一下少了很多。

女排之路的艰辛，郎平再清楚不过，曾经吃过的苦、受过的伤，她不允许再发生在这群年轻的孩子身上。她就像一位母亲一样给予姑娘们关怀、包容、鼓励。

郎平获奖

终于，低迷的女排又重新焕发活力。2015年世界杯，中国女排夺得冠军；2016年奥运会，中国女排夺得冠军；2019年世界杯，中国女排再次夺得冠军。1981年到2019年，中国女排一共夺得10个世界冠军，其中8个都有郎平的全程参与。

在鼓励姑娘们披荆斩棘时，郎平常常说："我一个快60岁的老太婆都在拼，没人好意思懒。"这也许正是"女排精神"的灵魂所在吧。郎平认为，"女排精神"不是赢得冠军，而是有时候知道不会赢，也要竭尽全力；是一路虽走得摇摇晃晃，但站起来抖抖身上的尘土，眼中依旧坚定。人生不是一定会赢，而是要努力去赢。

感品德

我要学习女排顽强战斗、勇敢拼搏的精神。

我要学习女排队员团结协作、艰苦奋斗的精神。

在行动

队员们，让我们传承"女排精神"，在学习和生活中遇到困难时，不气馁、不放弃，加强团队协作，勇于面对困难，用"女排精神"激励自己，顽强拼搏，早日为国争光，为人民建功。

新时代
少先队员

第三单元

行业先锋

新时代
少先队员

"天眼之父"

——南仁东

颁奖辞

　　二十四载年华，八千余个日夜，终成观天巨眼；攻坚克难，矢志不渝，他在天文史上镌刻新高度。他就是中国"天眼之父"——南仁东。

读故事

　　20世纪90年代初，南仁东辞去日本的高薪工作，义无反顾地回到祖国筹建FAST（500米口径球面射电望远镜）工程项目。1994年夏天，南仁东踏入中科院地球非再生资源遥感应用技术研究室的时候，遥感应用研究所科技处处长聂跃平的第一反应就是：哪里来的农民工？面前这个人不修边幅，脸上留着胡子，穿着短裤，脚上穿着拖鞋。来人自我介绍是天文台副台长南仁东，开门见山提出来要选一个坑，圆形，不能有无线电干扰，交通要方便。研究后，大家决定到贵州寻找。那时选址团队的平均年龄只有30多岁，而南仁东已经49岁了，很多悬崖道路湿滑，他就干脆手脚并用地爬上去。他们穿着解放鞋，皮肤一下子就被划破，流出血来。有一次团队遇上下大雨，大家都劝南仁东不要上去，可他不放心，坚持跟大家一起上山。没想到，就在南仁东小心翼翼地攀爬时，脚下一滑，意外发生了，他一下子就滚了下去，幸好在下落的过程中有小树挡住了他才幸免于难。这样的险情整整伴随了南仁东11年，他几乎走遍了贵州所有的洼地，走过几十个大大小小的村寨，而他也从壮年步入花甲之年。

2005年，南仁东一行来到贵州省平塘县，在经过3个半小时的徒步之后，一个完美的圆形洼地呈现在他们眼前，在这个人称大窝凼的地方，他发出了这样的感慨："我们的FAST台址大窝凼洼坑，是我们从300多个候选洼地里面挑选出来的，地球上独一无二的，最适合FAST建设的台址。"

2007年，FAST成功立项。就在南仁东准备甩开膀子大干一场的时候，一个更大的危机摆在他的面前——索网实验失败了。当时团队针对索网实验失败的根源究竟是原材料问题，还是技术工艺问题，根本搞不清楚。南仁东后来把它称为新万里长征的起点。FAST 的表面有4000 多块面板，重量高达 2200 多吨，每块都能随意变形，所以在背面控制这些面板的索网，既要承受巨大的重量，又要能够持续使用几十万次。究竟什么样的钢索才能达到这样的要求呢？南仁东踏上了漫漫"求索"之路。那时候的他每天就睡 4 个小时，剩下的时间不是在车上就是在飞机上，为了寻找合适的钢索，66 岁的南仁东跑遍了大半个中国。连日奔波，

南仁东在工作

让他的身体状况大不如前，但是他仍然如期出现在施工现场。两年时间，考察几十家生产厂家，进行上百次实验，南仁东始终坚持不懈。最终在他的主导下，改进了索网的制作工艺，成功通过了抗疲劳实验。南仁东常常说，工作虽然很辛苦，但也是很幸福的。

2014 年，"天眼"反射面单元即将吊装。年近七旬的南仁东坚持自己第一个上，亲自进行"小飞人"载人试验。这个试验需要用简易装置把人吊起来，送到 6 米高的试验节点盘。在高空中无落脚之地，全程需手动操作，稍有不

慎，就有可能摔下来。"天眼"现场有6个支撑铁塔，每个铁塔建好时，南仁东总是"第一个爬上去的人"。

2016年1月，在FAST项目即将建设完成之时，在尚无任何接收机可以使用的情况下，得益于FAST巨大的口径和超高的灵敏度，南仁东凭借草草拼凑的一根细长鱼骨状的电视天线捕获到了来自蟹状星云脉冲星的信号。早在宋朝时，我国古代的天象观测者就曾注意到这颗转瞬即逝的"客星"，跨越千年的时空，中国人在这一刻又回到了世界天文观测高地。"射电望远镜就像灵敏的耳朵，在宇宙空间的白噪音中分辨有意义的无线电信息。"南仁东曾这样解释射电望远镜的作用，"这就像分辨雷声中的蝉鸣"。

2017年9月15日，72岁的南仁东把仿佛挥洒不完的精力留给了"中国天眼"，自己却永远地离去了。23年的时间里，他从壮年走到暮年，把一个朴素的想法变成了国之重器，成就了中国在世界上独一无二的工程奇迹。

感品德

南仁东爷爷这种为了追逐梦想，心无旁骛，殚精竭虑，努力拼搏的精神值得我们学习。

南仁东爷爷一心为国、勇于担当、为科学献身的精神，激励着广大科技工作者和我们少先队员努力学习、不懈奋斗。

在行动

就像南仁东爷爷在带领团队建造 FAST 时遇到各种困难一样，我们的学习生活中也会遇到种种困难。队员们在现在的学习中有没有遇到什么困惑或者弄不懂的知识点？让我们小队互相帮忙，找出自己的学习漏洞，查漏补缺，赶紧追上来吧！

进入太空的第一个中国人

——杨利伟

那一刻当我们仰望星空，或许会感觉到他注视地球的目光。他承载着中华民族飞天的梦想，他象征着中国走向太空的成功。作为中华飞天第一人，作为中国航天人的杰出代表，他的名字注定要被历史铭记。成就这光彩人生的，是他训练中的坚韧执着，飞天时的从容镇定，成功后的理智平和。而这也是几代中国航天人的精神，这精神开启了中国人的太空时代，还将成就我们民族更多更美好的梦想。他就是进入太空的第一个中国人——杨利伟。

读故事

杨利伟，汉族，1965年6月21日出生于辽宁省葫芦岛市绥中县，中国共产党党员，中国人民解放军少将军衔，特级航天员。他是中国培养的第一代航天员，是中国进入太空的第一人。

人类第一个飞上太空的苏联航天员加加林，曾这样描述他当时参加航天员选拔体检时的情景："除检查健康状况外，医生们在每一个人身上寻找是否有潜伏的缺陷。他们借助于一切可能的生化的、生理的、脑电的和心理的方法和特别的功能试验进行检查。在各种非常稀薄的空气压力舱内检查我们，在离心机上旋转我们。所有这一切用了几周时间，淘汰了不少同伴。"

中国航天员的选拔也要"过五关斩六将"。医学临床检查，要对人体的几十个大大小小的器官逐一检查。随后的航天生理功能检查更是苛刻，受试者要在离心机上飞速旋转，测试受试者胸背向、头盆向的各种超重耐力；要在低压试验舱使受试者上升到 5000 米、10000 米高空测试耐低氧能力；要在旋转座椅和秋千上检查受试者前庭功能。几个月下来，800 多名初选入围者已所剩无几。

杨利伟在一关一关的检查中脱颖而出。他做的最后一项检查是"万米缺氧低压检查"。这要先在舱外吸氧排氮，然后坐进模仿万米低压的舱里。当从模拟的万米高度下降时，他心想："总算都通过了。"他不由得一阵轻松，下意识地摸了摸头，结果把医生给弄紧张了，下来后忙问他："你是不是在上面很难受啊？"

杨利伟是最幸运的，也是最优秀的。他的临床医学和航天生理功能各项检查的指标都达到优秀，征服了评选委员会全体专家。

1998年1月，作为中国首批航天员中的一员，杨利伟带着他的梦想与追求，来到了北京航天员训练中心。

杨利伟要攀越的第一道阶梯是基础论训练。《载人航天工程基础》《航天医学基础》……他过去的英语基础比较薄弱，为记住单词和语句，就每晚从航天员公寓往家里打电话，让妻子张玉梅在电话里提问。一遍一遍，反反复复。后来考试时，他居然考了100分。

第二道阶梯是航天环境适应性训练，这是一项非常艰苦的训练，仅以其中的"超重耐力"训练为例，在飞船处于弹道式轨道返回地球时，超重值将达到十几个"G"，即人要承受相当于自身重量十几倍的压力。通常情况下，这很容易造成人呼吸极度困难或停止、意志丧失、黑视甚至直接影响生命安全。杨利伟必须通过训练来增强自己的超重耐力。

"离心机"训练是航天员提高超重耐力最有效的形式。在圆圆的大厅里，杨利伟坐进一只8米多长的由铁臂夹着的圆筒里。在时速100公里高速旋转中，他不仅要练习腹肌和鼓腹呼吸等抗负荷动作，而且还要随时回答提问，判读信号，保持敏捷的判断反应能力。

一个休息日，妻子回家时发现他一个人在客厅里不停地转圆圈，非常惊讶地问："你这是在干什么？"他说："过两天我们就要做转椅训练考核了，我先刺激刺激自己。"

一位对航天员训练要求非常苛刻的老专家十分自豪地说："杨利伟在转椅训练上成绩是最出色的，他是我最得意的学生。"同样，做"头低位"训练前好几天，杨利伟晚上睡觉就不枕枕头了，据他说也是为了"先刺激刺激自己"。

其他的"阶梯"还有体质训练、心理训练、专业技术训练、飞行程序与任务模拟训练、救生与生存训练，等等。杨利伟以他对航天事业的无比热爱和执着追求，严格要求自己，把一切做得精益求精，各项训练成绩都优于同伴。

好中选优，强中挑强。在"神舟"五号载人飞船发射准备阶段，经专家组无记名投票，杨利伟以其优秀的训练成绩和综合素质，被选入"3人首飞梯队"，并被确定为首席人选。之后，杨利伟全身心地投入了"强化训练"。

大部分的时间，杨利伟都待在

杨利伟

飞船模拟器中。飞船模拟器是在地面等比例真实模拟飞船内环境、对航天员进行航天飞行程序及操作训练的专业技术训练场所。人们常说，台上一分钟，台下十年功。杨利伟把能找到的舱内设备图和电门图都找来，贴在宿舍墙上，随时默记。另外，他还用小摄像机把座舱内部设备和结构拍录下来，输入电脑，自己刻制了一个光盘，业余时间有空就看。每次训练，杨利伟的眼睛总是那么亮，各项检查总是那么细，每个动作总是那么到位。他以严肃认真的态度和熟练的技术赢得了教员的称赞。在最后阶段的专业技术考核中，教员为他设置了许许多多的故障陷阱，他都能很快地发现，并迅速排除。在5次正常飞行程序考试中，他获得了2个99分、3个100分的好成绩，专业技术综合考评排名第一。

发射前夕，杨利伟来到酒泉卫星发射中心，参加"人、船、箭、地"联合测试演练。此刻，身经百战的杨利伟对飞船飞行程序和操作程序已是滚瓜烂熟。他自信地告诉记者："现在我一闭上眼睛，座舱里所有仪表、电门的位置都能想得清清楚楚。随便说出舱里的一个设备名称，我马上可以想到它的颜色、位置、作用。操作时要求看的操作手册，我都能背诵下来，如果遇到特殊情况，我不看手册，也完全能处理好。"

飞船在实际发射时，起飞后3分20秒左右，罩在座舱外的"整流罩"将按程序被抛除，航天员在此时可以见到舷窗外的天空。然而在演练时，这只能是想象中的景况，不会实际发生。因此，指挥大厅里的人谁也不会料到航天员在此时会有什么反应。

演练在进行时，飞船座舱内的杨利伟在一丝不苟、忙而不乱地做着各种规定动作。程序刚刚走到3分20秒，指挥中心大厅里便传来杨利伟响亮的报告声："整流罩抛除，我看到窗外的天空了！"一个人惊讶地问航天医学工程研究所所长宿双宁："你们的航天员训练得这么好，连这都知道？"身为中国载人航天工程航天员系统总指挥兼总设计师的宿双宁，自豪之情油然而生："开玩笑，你都知道的事，他还能不知道！"

2003年10月15日上午，随着震耳欲聋的一声巨响，"神舟"五号载人飞船被送上太空，中国航天员杨利伟开始了中华民族的"飞天"之旅。"神舟"五号载人飞船在太空飞行21小时23分后于10月16日早晨6时23分在内蒙古阿木古郎草原安全着陆，返回舱完好无损。宇航员杨利伟自主出舱并接受身体检查。杨利伟在走出返回舱后向人们招手致意，中国首次载人航天飞行圆满成功。

杨利伟向人们挥手致意

感品德

杨利伟叔叔把自己磨炼成一名合格的宇航员，认真钻研、刻苦训练、挑战自我、永克难关，他是我们学习的榜样。

航天梦是所有中国人的梦想，我们要向杨利伟叔叔学习，掌握更多的科学知识，为实现航天梦谱写新篇章。

在行动

队员们向英雄学习，就要从身边小事做起。在生活中做到自立自强，会做的事情抢着做，不会的事情学着做；在学习中勤于观察与思考，善于动手与动脑，不断创新，用实际行动向英雄致敬。

中国导弹之父

——钱学森

颁奖辞

　　在他心里，国为重，家为轻，科学最重，名利最轻。五年归国路，十年两弹成。开创祖国航天，他是先行人，披荆斩棘，把智慧锻造成阶梯，留给后来的攀登者。他是知识的宝藏，是科学的旗帜，是中华民族知识分子的典范。他就是中国导弹之父——钱学森。

读故事

　　钱学森的一生是辉煌的，作为爱国者，他花费了5年的时间冲破层层阻力回到中国；作为科学家，他在新中国一穷二白的条件下，为中国科学技术的发展做出了贡献。钱学森说过，他一生有3次最为激动的时刻，第一次是在得知美国方面终于肯放他归国，第二次是在得知自己将会同焦裕禄、孟泰等人一起列入无产阶级知识分子的行列；第三次是在建国十周年的那天，他光荣地加入中国共产党。

在"一·二八"淞沪抗战中，钱学森意识到中国航空力量过于薄弱，因而决定到美国学习航空科技的理论知识。新中国成立后，钱学森准备回国时，在美国受到当局阻挠，但在滞留美国的5年间，他从没有放弃争取回到祖国的机会。此外，他为"二战"的胜利也立下不朽的功劳，曾经和冯·卡门一起完成了空气动力学的研究问题，并留下了"卡门－钱近似"公式，就连冯·卡门也称这个弟子的学术知识已经超过了自己。

1955年，钱学森终于回到祖国，迫不及待地投身到祖国的航空、国防建设之中。

1955年冬，钱学森参观了陈赓大将领导下的哈尔滨军事工程学院。在交谈中，钱学森坚持一定要发展中国人自己的导弹、火箭。1956年，钱学森提出了《建立我国国防航空工业的意见书》，意见书中详细地阐述了中国导弹、火箭工程的发展、建设规划，这份意见书立刻受到党中央的高度重视。同年，毛主席在中南海接见了钱学森，在政府的扶持下，钱学森随后成立中国第一个火箭、导弹研究机构即国防部第五研究院，首先分配来了156名大学生和教授。钱学森为了让学者们尽快融入建设中，亲自为大家讲授《导弹概论》等专业知识，并亲自拟定空气动力学、发动机等相关专业的学习计划。

钱学森

20世纪60年代，中苏关系迅速恶化，苏联将所有援华的科学家全部撤走，同时将支援中国的工业项目的合同全部撕毁。在这种极端困难的条件下，钱学森和众多学者一样，吃粗干粮、睡帐篷，同甘共苦。虽然国外技术死死封锁，但是钱学森的队伍也能攻克重重难关，终于在1960年11月5日，中国发射了第一枚导弹。这个时间距离苏联撤走科学专家仅17天，当时在酒泉发射场的聂荣臻元帅十分激动，他说："这是我国军事装备史上的转折点！"

1964年10月16日，中国自行研制的第一颗原子弹试爆成功，并在两年之后的1966年10月27日，完成了中国装有核弹头的中近程对地导弹的发行试爆实验和中国原子弹、导弹两弹相结合的飞行试验，使我国的国防力量达到了世界尖端的位置，震惊了全世界。

1965 年，钱学森又向国务院提出了建设我国人造卫星的建议。1970 年 4 月 24 日，我国第一颗人造卫星"东方红"的成功发射，标志着我国航天事业的发展又步入了一个高台阶。

钱学森不光是我国航空科技、导弹火箭科技上的功臣，也是我国高端军事科技的奠基人。1998 年，钱学森就关于军事科学作了系统地阐述，他说："军事学是军事科技的基础理论，军事运筹学是技术理论，技术应用学是军事系统的工程理论。"

钱学森一生留下了《工程控制论》《论系统工程》《星际航行概论》等不朽的学术著作，这些著作先后获得中科院自然科学奖一等奖、国家科技进步奖特等奖等，钱学森本人也获得小罗克韦尔奖章和"世界级科学与工程名人"的称号。

钱学森为中国导弹、航空、火箭等科学技术的发展付出了 40 多年的努力，有着"中国导弹之父""火箭大王""中国航空之父"的荣誉称号。在 1991 年 10 月 16 日，国务院、中央军委授予他"国家杰出贡献科学家"荣誉称号、一级英雄模范奖章。随后，钱学森又担任中国科学家协会的名誉主席。1999 年 9 月 18 日，中共中央、国务院、中央军委又授予他"两弹一星"勋章。

感品德

钱学森爷爷不计个人利益，为了祖国的航天科技事业，不惧美国政府的诱惑与刁难，回到祖国，为我国的航天事业日夜奋斗。钱学森爷爷用行动回报祖国，也为我们指明了奋斗方向。

钱学森爷爷的爱国精神激励着我，以后我要认真学习科学文化知识，像钱学森爷爷那样，为祖国奉献自己的力量！

在行动

钱学森爷爷的精神激励着我们不断前进。在我国的科学发展进程中，还有许多为之无私奉献的科学家和工作者。让我们一起寻找更多的先锋人物，向他们学习吧！

风雪担书梦

——张玉滚

颁奖辞

　　扁担窄窄，挑起山乡的未来。板凳宽宽，稳住孩子们的心。前一秒劈柴生火，下一秒执鞭上课。艰难斑驳了岁月，风霜刻深了皱纹。有人看到他的沧桑，更多人看到他年轻的心。他就是乡村教师——张玉滚。

读故事

　　在河南省南阳市镇平县的伏牛山区，有这样一个普通的小学校长，为了一句庄严的承诺，他十几年如一日坚守在大山深处，只为干好一件事：改变山里娃的命运，点燃深山孩子的希望。他就是张玉滚，一个"80后"小学校长。他扎根黑虎庙小学10多年，先后教过500多名孩子，培养出16名大学生。

黑虎庙村是镇平县北部深山区的一个行政村，属于高丘镇。从地图上看，这里距离县城 70 多公里，距离不算太远。然而一座座大山像铁桶一般，把黑虎庙围困得水泄不通，黑虎庙被牢牢压在谷底。从村里走到高丘镇，通常需要 10 个多小时。老辈人说："上八里、下八里，还有一个尖顶山；羊肠道、悬崖多，一不小心见阎罗。"

黑虎庙村有 1300 多人，下辖的 13 个自然村，零星分布在方圆十几公里的带状山坳里。走出大山，改变命运，过上好日子，是山里人世世代代的梦想、心心念念的追求。

学校虽说在村里的中间位置，但住得远的学生步行要 3 小时才能到。一座破旧的两层教学楼，一栋两层的宿舍，三间平房，就是这个学校的全部家当。

2001 年 8 月，刚刚师范专业毕业的张玉滚放弃在城市工作的机会，回到家乡镇平县高丘镇黑虎庙小学教书。当他跟着老校长来到学校，走进自己当年上课的教室，映入眼帘的依然是"破桌子，破水泥台子，里面坐着十来个土孩子"。而当下最困难的是，没有老师教这些"土孩子"。看着孩子们清澈的、渴望知识的眼神，张玉滚鼻子猛地一酸。

从那以后，21 岁的张玉滚从一名每月只拿 30 元钱补助、年底再分 100 斤粮食的民办教师干起，一干就是 10

多年。学校的教师换了一批又一批，他却默默耕耘，始终坚守。"我是山里人，知道山里的苦，但不能让孩子们一直苦下去，我要像一颗螺丝钉，钉在这里。"面对自己养家糊口的困窘和外面世界的精彩，张玉滚也曾犹豫过。"前半夜想想自己，后半夜想想孩子，都走了，孩子们咋办？""只要孩子们在，学校就在。"没有豪言壮语，有的只是执着的心、质朴的情、坚毅的选择。

张玉滚为了翻新校舍，上山撬石头、下河挖沙石，起早贪黑地劳作，新校舍终于盖好了，他却瘦了一大圈。路没修好时，他靠一根扁担，把学生的课本、作业、文具挑进大山，几十公斤的担子、几十里的山路，一挑就是5年。

"不耽误一节课，千方百计上好每一节课"，是张玉滚给自己定下的铁的纪律。缺少师资力量，他就把自己磨炼成"万金油"，打造成"全能型"教师。他总说："山里本来就闭塞，老师不多学点儿，咋教好娃们？"没有丰富的教学资源，缺少先进的教学设施，他硬是凭着自己练就的扎实本领，悉心培育每一个学生，所教学科成绩在全镇一直名列前茅，学校整体教学质量逐年攀升，越来越多的学生从这里起步，考上大学，进而读研，在不同岗位上为国家、为社会做贡献。手执教鞭能上课，掂起勺子能做饭，握起剪刀能裁缝，打开药箱能治病，他所做的每一件事，所历练出的每一项技能，都是山区学生所用、所急、所需的。

张玉滚在工作

由于常年高强度操劳，不到40岁的张玉滚鬓角早已斑白，脸上布满皱纹，经常被人错认为是快退休的老教师。他常说，如果是一滴水，就要滋润一寸土地；如果是一缕阳光，就要照亮一个角落。张玉滚爱教育、爱学校、爱孩子，这种爱未必荡气回肠，却贴心贴肺。10多年来，他利用微薄的工资，相继资助了300余名儿童，没有让一个学生因贫困而失学。"白天当老师，晚上当家长"，张玉滚和学生同吃同住，在生活上对学生体贴入微、关怀备至，让他们感受到家的温暖。山里孩子的父母大多在外打工，谁家孩子在哪儿居住，谁家孩子爷爷奶奶多大年纪，谁家孩子需要接送，他都一一记在心上，背着学生上山下河已是家常便饭。

桃李无言，下自成蹊。在张玉滚和其他老师的努力下，在镇平县、镇两级教育部门的支持下，黑虎庙小学顽强地"生存"着。一年又一年，孩子们从这里走出大山，有的考上重点大学，有的还读了研，有的留在大都市。在张玉滚任教前，黑虎庙村只有一个大学生，到现在已经有16个大学生。

春去冬来，尖顶山上的麻栎树绿了又黄，黄了又绿。就这样，为了改变山里娃的命运，张玉滚一干就是10多年。对偏远的山村来说，每一所学校，就是一堆火；每一个老师，就像一盏灯。火焰虽微，也能温暖人心、点燃希望；灯光虽弱，却能划破夜空，照亮未来。

感品德

张玉滚叔叔让我想起了我们的老师，老师用心教我们知识，关心我们的生活，我们要更努力学习，来报答他们。

张玉滚叔叔 10 多年来甘于寂寞，坚守奉献，用知识与责任照亮了孩子们的路，我们要向张叔叔学习，发挥自己的光和热，照亮更多人的路。

在行动

老师一直用爱关心我们，让我们动动脑筋，为老师策划一次感谢会吧！

践行"工匠精神"的优秀代表

——许振超

颁奖辞

他是一名平凡的工人，却成为万众瞩目的改革先锋。他是一名普通的司机，却成为引领行业的大国工匠。他苦练绝活，八次打破世界纪录，他全心全意追求精益求精。他培育中国工匠，打造中国品牌，他把一种精神注入时代。他就是"金牌工人"、改革先锋——许振超。

读故事

"很幸运我们这一代人赶上了改革开放，成就了我和我们的团队以及青岛港。"2018 年 12 月 18 日获得党中央授予的改革先锋奖章后，许振超激动地说。现在已 70 多岁且身兼数职、获荣誉无数的许振超，始终没有忘记自己是一名产业工人，也从未停止学习，一有时间他就进行"把经验操作变成标准化操作"课题的研究。这个课题，许振超已经做了 10 年，他希望自己能早于其他国家研究出来，更好地提高国内码头的生产效率。

1950 年 1 月，许振超出生在一个贫穷的工人家庭。1974 年只读了一年半初中的他后来进入青岛港，当上了码头工人。那时候的青岛港只有几台吊车，卸货装车都得人抬肩扛，作业效率很低。随着改革开放的春风吹到青岛，码头上的作业机械从吊车逐渐增加到叉车、牵引车、装卸机械、门机等，作业效率大大提高，泊位等级也提高了。

1987 年青岛港有了桥吊，许振超当上了桥吊司机，开始刻苦钻研，怎么样能用好这个先进技术。他一点一点"啃"图纸，加班加点地练习操作，终于练就了"一钩准""一钩净""无声响操作"等绝活，先是通过青岛市职业劳动技能考核考取了技师资格证，后来又评上了高级技师。

当上桥吊队长的许振超，不仅时刻鞭策自己，还带出了一支技术精、作风硬、效率高的优秀团队。2003 年"五一"劳动节前夕，在青岛港投产不久的前湾港新码头，许振超和工友连续奋战 6 个多小时，使 2740 个标准集装箱成功装卸完毕，最高纪录是每小时装卸 339 个自然箱，一举打破当时单船每小时装卸 336 个自然箱的世界纪录。一年半后，许振超和工友又将这一纪录改写为 347 个。"在全世界港口行业中把集装箱装卸速度干到第一，不仅是我的梦想，也是我们港口所有工友的梦想，正是有这样的魄力和努力，才成就了现在的我们。"许振超说。

为解决集装箱轮胎式龙门吊费油、污染环境等难题，许振超经过两年多的摸索，从飞机空中加油技术上得到启发，于 2007 年成功完成了集装箱轮胎式龙门吊的"油改电"工程，填补国际空白，为国家节约了巨额成本。后来，他在工作中又创造出"振超工作法"，更是为青岛港提速建设发展提供了宝贵经验。

"金牌工人"许振超的事迹激励着青岛港全体员工立足岗位，创先争优。截至 2017 年年底，青岛港共有国家序列职务职称获得者 3610 人，高级技师、技师、高级工等高技能人才 6440 人，涌现出了"全国五一劳动奖章"获得者王加全、国务院政府特殊津贴获得者唐卫等一大

许振超在工作

批"振超"式德才兼备先进典型。这些专业人才将一个个新想法变成生产中的一项项新技术，青岛港也在一步步迈向世界强港：拥有行业领先的港口设施，拥有包括公路、铁路、水路、管道等完善的集疏运体系，拥有数量领先的集装箱航线，拥有门类齐全的作业货种，涵盖了全球港口作业的所有货种……

如今，青岛港的桥吊已经更新到第9代，在全球最先进的全自动化码头，9名远程操控员就能承担传统码头60多人的工作。面对智慧化、信息化时代的到来，许振超认为，我国的装备和技术仍有很大的改善空间，这也意味着产业工人还有进步提升的空间。十九大报告提出建设知识型、技能型、创新型劳动者大军，为产业工人指明了目标。

感品德

许振超爷爷是能干会干、想干敢干、苦干实干的新时代楷模，他爱岗敬业、尽职尽责，为祖国创造了那么多荣誉，我们要向许爷爷学习。

许振超爷爷勇于创造、敢于担当，填补国际技术空白，为国家节约成本，是我们的榜样，我们要向许爷爷学习。

在行动

读了许振超的故事，相信队员们的感触都很多。你们还知道哪些大国工匠的故事？和队员们一起分享吧！

第四单元

战"疫"先锋

新时代
少先队员

公共卫生事件应急体系建设的重要推动者

——钟南山

颁奖辞

首宣新冠病毒"人传人"，建议大家别去武汉；耄耋之年，冒死犯险，"抗非英雄"，披甲逆行抗疫一线；科学求是，悬壶济危世，仗义多诤言，美在纯真仁爱！粤鄂连线，领誓"白衣战士"火线入党，美在责任担当！"火神山、雷神山、钟南山，三'山'齐聚克难关！"院士、战士、国士，众士协力保国家平安！他就是钟南山。

读故事

很多人知道"钟南山"这个名字，是因为 2003 年的那场"非典"。

2003 年对于钟南山来说，是"特殊的一年"：遇到很多未知的课题，无章可循，自己一天要做出几天的工作，包括治疗的问题、学术上的问题，还要制订国家规划。而引发这一"特殊"性质的就是 SARS（非典型肺炎）的爆发，此时，钟南山已经 67 岁。

2002 年年底"非典"病例最早在广州出现，一时间，"非典"病毒不可避免地开始从广州往外扩散。2003 年 4 月 13 日，北京召开了关于 SARS 的新闻发布会，钟南山参加了这一会议。当记者问到"是不是疫情已经得到控制"时，钟南山忍不住了，他对媒体说："现在病原不知道，怎么预防不清楚，怎么治疗也还没有很好的办法，病情还在传染，怎么能说是控制了？我们顶多叫遏制，不叫控制！连医护人员的防护都还没有到位。"顿时场面哗然，"非典"的真相自此才一点点向公众揭开。

混乱和恐惧之中，人们记住了钟南山的名字。也因为"非典"，钟南山在公共领域范围内更广泛地被人熟知。在最恐慌的时候，他的一句话"把重症患者都送到我这里来"，给了人定心的力量。在抗击"非典"最严峻的时刻，连续工作30多个小时之后，已过花甲之年的钟南山病倒了，发烧等症状和当时"非典"的症状极为相似。但他自己观察体会，觉得自己得的不是"非典"，就把自己隔离在家。几天后，症状消失，他立刻回到医院，继续投入战斗。他

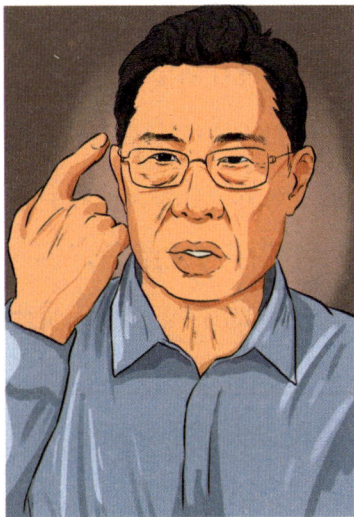

钟南山在工作

的坚持，让广东成为世界范围内对"非典"治疗成绩最好的地区之一。

"非典"之后，钟南山连续担任政协委员和全国人大代表，他敢说真话的风格一直没有变。这一特质，让他在"两会"上变成媒体追逐的对象，对于记者提出的问题，他都会给出自己的看法，每一次言论几乎都会引发广泛的讨论。2013年全国"两会"上，他说："雾霾与肺癌有极大的关系。"2015年，他又痛批一些公立医院的医生不讲医德、违规使用心脏支架创收的行为，他举例说："广东某医院的一个心脏导管大夫为病人做冠状动脉造影手术，本来问题不大，但是最后给放了5个支架。"

"我自己有一种感觉，好像专门喜欢跟谁较劲，老觉得不管走到哪儿，自己都不太受欢迎。"钟南山说他一直记得中学时代一位老师曾对他说过："人不应单纯生活在现实中，还应生活在理想中。人如果没有理想，会将身边的事看得很大，耿耿于怀；但如果有理想，身边即使有不愉快的事，与自己的抱负比也会变得很小。"

"非典"之后，钟南山说自己讲话其实更谨慎了："那些我认为很有把握的话，讲出来，通过媒体能够让有关人员特别是病者知道的话，是有很大好处的。我还是推崇这个，因为人最可贵的是讲心里话，心里话不一定都是对的，你拿出来批判也没关系，但是能够启发大家思考就达到目的了，就很好。"

2020年1月18日，星期六，84岁的中国工程院院士钟南山接到赶往武汉的紧急通知。时值春节前夕，忙碌了一年的人们陆续踏上回家的路。当天去武汉的航班已无机票，火车票也非常紧张。颇费周折，钟南山才挤上了傍晚5点多从广州南开往武汉的高铁。走得非常匆忙，他甚至没有准备羽绒服，只穿了一件咖啡色格子西装。

上车无座，他被安排在餐车一角。当天，钟南山在餐车小憩的照片刷屏微信朋友圈：满脸倦容，眉头紧锁，闭目养神，身前是一摞翻看的文件……

这一天，武汉市卫生健康委员会通报，武汉新增59例新型冠状病毒感染的肺炎确诊病例。"没什么特殊情况，不要去武汉。"钟南山提醒公众的同时，却选择了逆行。"肯定的，有人传人现象"，2020年1月20日，作为国家卫健委高级别专家组组长，钟南山在关键时刻发出的"预警"，为控制疫情在全国范围内的蔓延赢得先机。

自挂帅出征以来，钟南山始终冲在前线，始终如铁人般拼命：4 天内奔走武汉、北京、广州三地，长时间科研、开会、远程会诊、接受媒体采访，甚至在飞机上研究治疗方案……夫人既生气又心疼："能不能让他多睡一会儿？"但她非常了解丈夫，知道劝也劝不住，因为丈夫太在乎自己的病人了。

在抗击疫情的战斗中，钟南山用自己的行动，诠释了医者仁心、学者大义。广大网友用朴素的言语回应对敢医敢言的钟南山的信任：几时才动？钟南山说动才动！

可能有的同学还不知道，钟南山年轻时是一名运动健将。时至今日，北京医科大学还有几项由钟南山创下的运动纪录无人能破。1959 年 9 月，在首届全运会上，钟南山以 54.4 秒的成绩打破了 400 米栏的全国纪录。

如今，85 岁的钟南山依然是一名青春依旧的运动健将，他以自己的专业，更以自己饱满的生命，引领全国人民和新冠病毒赛跑，冲在抗疫斗争的最前面！在他冲锋陷阵的背影上，写满了一种伟大的精神，这种精神叫"科学""专业""无畏"和"担当"。

钟南山在运动

2020 年 8 月 11 日，钟南山被授予"共和国勋章"。

感品德

我们要像钟爷爷一样，看事实，讲实话；有梦想，有追求，帮助那些需要帮助的人。

钟爷爷是个了不起的大英雄，他却说自己只是一个看病的医生。我们要向钟爷爷学习，学好知识和本领，为祖国贡献力量！

在行动

了解了这么多有关钟爷爷的故事，让我们一起动手动脑，为钟爷爷绘制一本宣传连环画吧，从而让更多的队员一起向钟爷爷学习。

阅读链接

钟南山给少先队员们的一封回信

亲爱的孩子们：

在这个乍暖还寒的初春，我很高兴收到你们的来信。

在疫情防控仍然处于关键阶段的时候，我收到了你们来自广东广州、广东江门、佛山南海、东莞石龙、北京、山东淄博、山东济宁、安徽池州、江苏连云港、广西梧州等地的来信，有很多地方我还没有去过，谢谢你们把家乡的风景带到了我的眼前。

信中，我看到了你们认真的一笔一画、用心设计颜色鲜艳的图画，稚嫩的文字，真挚的语气，你们的勇气和理想，都深深地感动着我。生长在这个时代，你们是幸福的。你们善于表达、善于分享，中国有你们这些充满活力的新生代，我感到无比欣慰！

这个春节注定是不平凡的，你们有害怕、也有担忧；但是我更多地看到了你们的勇气和你们的理想。新冠肺炎，这不是中国的疾病，而是人类的疾病。希望你们相信我们的国家，相信我们的白衣天使战队，无论是在一线抗疫，还是在家里学习，我们都是在与疾病进行战斗。

我相信你们会好好利用"停课不停学"的这段日子不断学习，用知识缝制铠甲，不远的将来，当你们走向社会，在各行各业都将由你们披甲上阵。

你们是未来的接班人，希望你们好好学习，投身于祖国的建设，不惧艰辛、勇敢前行！

南山爷爷

2020 年 3 月 5 日

蕙质兰心，巾帼英雄

——李兰娟

颁奖辞

蕙质兰心，巾帼战士。她雷厉风行，"武汉封城"，打响阻"疫"战。她出身贫寒，当过赤脚医生，也做过官员。她开拓人工肝技术，奠基感染微生态学。她始终念念不忘心济苍生、科学报国的志愿。她抗击"非典"，冲锋在前。她提出"四抗二平衡"方案，奋战在抗击新冠肺炎一线。她大医仁心，执着果敢。她就是民族脊梁——国士李兰娟。

读故事

1947年，李兰娟出生在浙江省绍兴县（今绍兴市柯桥区）夏履桥村。父亲患有眼疾，不能工作。母亲每天从村里步行 30 公里到萧山卖山货，赚取一家人的生活费用。1960 年，14 岁的李兰娟从夏履小学毕业，被保送到绍兴市第一初级中学。初二时，家里承担不起李兰娟的上学费用，李兰娟去跟老师说打算辍学。班主任老师舍不得一个成绩好的孩子就这样辍学，特地跟学校申请了奖学金，李兰娟终于读完了初中。3 年后，她以优异的成绩被杭州市第一中学（现为浙江省杭州市高级中学）录取。

读完高中，她回到家乡成为一名中学代课老师。自幼在农村长大的李兰娟深知乡亲们看病难的问题，就拿出了当时仅有的生活费，购买针灸方面的书籍自学成才。与此同时，善良的李兰娟自己当起了赤脚医生，为乡亲们针灸治病。那时在农村，有一个大队组建农村合作医疗站，她主动申请去那边学知识。为了节省开支，自己上山采药，不仅药材做到零成本，而且半年多时间认识了几十种药材。李兰娟开的中药方为很多村民治好了各种病，伤寒、跌打损伤等。两年赤脚医生生涯，她尽心尽力地帮村民看病，全村 1300 多个村民，没有一个不认识她。后来因为业务能力精湛，深受乡亲们好评，李兰娟以"赤脚医生"的身份被推荐到浙江医科大学读书。

凭借自己对医学的热爱和努力，这个贫困家庭出生的女孩终于走进了大学。在这里，她可以学到任何想学的医学知识。她不断充实自己，如饥似渴地学习。毕业后，李兰娟被分配到浙大一院感染科工作。

李兰娟的儿子郑杰说，"今日事今日毕"是李兰娟一直恪守的行为准则。李兰娟的医务工作已经相当繁忙，除了临床工作，还有大量的研究，但是她从不放松学习。儿子郑杰经常看到深夜母亲一边补学英语，一边看国外论文。李兰娟不仅对自己如此要求，对丈夫也是严格要求，从一个有趣的小细节就可以看出：丈夫成为院士后，看一会儿电视，她便会催着他赶紧去看论文。

20世纪80年代，重型肝炎肆虐，病死率高达80%。李兰娟一心想要救人，却苦于治疗方法有限，只能看着一个个鲜活的生命逝去。李兰娟说："当初，我们工作的314重病室似乎是被施了魔咒一样，进去的人很少能活着出来。"经过10余年的反复探索、实验，1996年，李兰娟及其团队终于创建了"李氏人工肝支持系统（Li-ALS）"，使急性、亚急性重型肝炎治愈好转率从11.9%上升到78.9%，开辟了重型肝炎肝衰竭治疗新途径，她也成为我国人工肝技术的开拓者。从2001年起，李兰娟每年举办一次人工肝的推广班，将自己的科研成果、治疗方法无偿教授给更多医生："全国有那么多病患，不可能都跑到浙江来就医，在当地得到及时的治疗，才是最好的结果。"如今，人工肝技术已推广至全国31个省、市。此外，她还多次举办全国暨国际人工肝会议，被誉为"国际上最大的人工肝组织的领头人"。

2020年2月1日下午5点30分，受国家卫健委指派，浙江大学医学院附属第一医院组建"抗击新冠肺炎紧急医疗队"驰援武汉，队伍由中国工程院院士、传染病诊治国家重点实验室主任李兰娟带头。2小时打包好行李，带上药品物资和简单的生活用品，医疗队员没来得及回家，就紧急出发了。

在前往武汉的路上，李院士说："当前抗新冠病毒进入关键期，危重症病人抢救关键，浙江在抗击H7N9时，总结了一套经验。这次，浙江的危重症病人救治时，也用上了人工肝技术。浙江的经验应该应用到全国。这次去武汉，我们会把'四抗二平衡'这一套浙江经验带过去，希望武汉的危重症病人能得到救治。"

抵达武汉后，在武汉实地研判疫情的李兰娟，率先

李兰娟

提出武汉"封城"。儿子郑杰认为李兰娟在重大的事件面前，一直果敢冷静。作为传染病学专家，这其实是一个基本的自我要求。因为如果专家学者不表态，那就没有人敢说了。她提出的封城建议，不是一时之举，一方面是自己的专业积累，另一方面来源于自己抗击"非典"的经历。在抗击"非典"时期，浙江省 2003 年 4 月出现第 1 例"非典"患者，除了快速对患者所在的小区进行隔离处理外，李兰娟同时进行了病毒的分离和研究："两者几乎是同时进行的。这使得浙江省中除了三四个患者，没有其他民众以及医务人员被感染。"

李兰娟带领她的团队来到武汉大学人民医院东院区，在这里，收治了 16 位感染新型冠状病毒的危重患者。70 多岁的老人不分昼夜，凌晨 4 点下火车，吃过早餐就接着开会、定方案，给全组人员讲解疾病关键知识。

"红区"是抗疫医院中重症隔离病房的别称。73 岁的李兰娟坚持进入"红区"重症监护室（ICU），探视新冠肺炎危重症患者病情。李兰娟全身被白色防护服裹严，仅露出护目镜下的双眼。助手在其防护服前胸和后背用马克笔写上姓名帮助辨认。为鼓舞同事士气，李兰娟建议在后背名字下方添上"加油"二字及感叹号。李兰娟得知团队成员张园园生日，还专门拿过笔来，特意在她衣服上写下"祝园园生日快乐"。

李兰娟逐一走进病房。她同病患做手势沟通、给予鼓励安慰，与同事了解人工肝治疗及病人情况，并观察治疗设备显示仪。

她说，ICU 集中了全院病情最严重的病人，进入"红区"查房、面对面交流是增加他们信心的一种方式。"这也有利于我直接了解他们的情况，更好地与同事们讨论、制定治疗方案。"

李兰娟这位巾帼英雄，在人们选择逃离武汉时，她明知武汉情况的危险，却将生死置之度外，与其他医务工作者一样逆行而上，因为在她的眼里只有病人，救治他们，是她的职责所在。

感品德

李兰娟奶奶和许许多多奋战在一线的医护工作者们一样，为了中国人民的健康，放弃了与家人团聚的时光，放弃了休息的时间，让人们克服了面对病魔的恐惧，这种大无畏的牺牲精神是最可贵的，他们才是真正的最可爱的人。

李兰娟奶奶是我们的抗疫英雄，我们要像她一样，长大为祖国和人民贡献自己的力量！

在行动

李兰娟奶奶 70 多岁高龄还在坚持学习，我们应该如何做呢？和队员们一起讨论一下下一步的学习计划吧！

阅 读 链 接

李兰娟奶奶给中小学生的一封回信

亲爱的孩子们：

你们好，很高兴在这个春暖花开的季节，收到了来自北京、浙江、河北、广西、广东等地的中小学生来信。你们的字迹工整、行文优美，字里行间透露出真情实感，图画很有创意，特别是看到大家为我们的一线医生护士们加油，我很感动！

我从2月2日到达武汉，和武汉的医务人员一起抗击新冠肺炎疫情，直至3月31日圆满完成援鄂任务返回杭州。在这惊心动魄的60天时间里，我与一线英勇奋战的广大医务人员一道，迎"疫"而上，无所畏惧，和病毒抗争，与死神赛跑，想要挽救更多患者的生命，这都源于我们拥有一个"救死扶伤"的医者梦想和内心的使命召唤。

2020年的清明节，我与浙江援鄂医疗队的成员们在隔离点向抗击疫情斗争牺牲烈士和逝世同胞致哀送行。敬畏生命寄托哀思，我们应牢牢铭记住这些为国家和人民献身的英雄，他们之中有以大爱诠释医者仁心的白衣战士，有坚守一线的公安干警，还有用爱心与使命守护家园的基层社区工作者。缅怀是为了坚守，铭记是为了继承，愿逝者安息，生者奋进！

同学们，从你们的信件中，我感受到了你们朝气蓬勃、富有理想的精神面貌，你们在信中表示，希望以这些"最美逆行者"为榜样，好好学习，真是让人高兴欣慰。

疫情就是课堂，奶奶希望你们学会敬畏生命、尊崇科学、砥砺品德，陶冶情操，刻苦学习，全面发展，在前进的道路上策马扬鞭，让自己成长为祖国未来发展的国之栋梁！

愿你们青春正好、不负韶华，每个人都能成就梦想。

孩子们加油！中国加油！

李兰娟奶奶

2020 年 4 月 10 月

肝胆相照，医者仁心

——张伯礼

颁奖辞

"国有危难时，医生即战士。宁负自己，不负人民！"17年前，抗击"非典"，他挺身而出；庚子新春，迎战"新冠"，他逆向而行。指导中医药全程介入新冠肺炎救治，主持研究制定的中西医结合疗法，为推动中医药事业传承创新发展做出重大贡献。他就是年过古稀的中国工程院院士、天津中医药大学校长张伯礼。

读故事

"疫情不重，不会让我来，这份信任是无价的。"2020年1月25日，大年初一，中央紧急成立赴湖北疫情防控指导组，张伯礼名列其中。临危受命，闻令而动，在出征武汉的飞机上，张伯礼填词道："晓飞江城疾，疫茫伴心悌。隔离防胜治，中西互补施。"面对尚有很多未知情况的新冠肺炎疫情，他心里却有一份底气，那是对中医药的信心。

那时的武汉，发热门诊外阴冷潮湿，门诊内人满为患。张伯礼意识到，如果不加以控制，感染人数会越来越多。当晚，张伯礼就第一时间向中央指导组提出，必须严格隔离，他提议将确诊、疑似、发热、留观4类人群进行集中隔离，分类管理。"但严格隔离，只是成功了一半。不吃药也不行。"张伯礼提出"中药漫灌"的治疗方法，普遍服用中药，拟定"宣肺败毒方"等药方，让4类人使用中医药。他的建议被中央指导组采纳。

张伯礼开出方子后，试着给湖北九州通的企业负责人打电话，请他们帮助做袋装中药汤剂。对方回答："没问题，全力配合。"张伯礼说："现在没有钱，也不是做一天，也不是做千百袋。"对方说："为了武汉人民，什么都不要讲了。"这让张伯礼感动不已。

第一天3000袋，第三天就达8000袋，最多时一天4万袋。张伯礼难掩兴奋："通过普遍服用中药，集中隔离的很多发热、疑似患者病情得以好转，效果不错。"随后，武汉开展了最全面最严格最彻底的大排查，严格隔离的同时普遍服用中药，取得了良好效果。数据显示，2020年2月初，从 4 类人当中确诊新冠患者的比例为 80%，吃药 10 天左右，2 月中旬这一比例降到了 30%，2 月底降到 10% 以下。

武汉江夏区大花山有个户外运动中心，当地人称"江夏鸟巢"，抗击疫情期间被改建成江夏方舱医院。"一定要有中医药阵地。只要有阵地，就能有作为。"张伯礼说。他与中央指导组专家、北京中医医院院长刘清泉写下请战书，提出筹建一家以中医药综合治疗为主的方舱医院。

经中央指导组批准，张伯礼率国家中医医疗队队员进驻江夏方舱医院。这是一次传承精华、守正创新的生动实践，方舱医院从中药、针灸、贴敷到太极拳、八段锦，一条龙综合治疗。

2020 年 2 月 14 日，江夏方舱医院开舱。张伯礼穿着写有"老张加油"的防护服，熟悉环境，紧盯流程，问诊患者，对症拟方，指导临床，巡查病区……每天行走几个小时，里面的衣服都湿透了。

截至 2020 年 3 月 10 日休舱，江夏方舱医院共收治新冠肺炎轻症和普通型患者 564 人。中医药团队交出了

张伯礼在工作

轻症病人零转重、痊愈病人零复阳、医护人员零感染"三个零"的亮眼成绩。中医治疗经验不胫而走，90%的方舱都使用了中药，一般转重率2%~5%，远低于公认的10%~20%的转重率，中医药疗效得到了证明。

张伯礼提出"大疫出良药"。在中央指导组和国家中医药管理局领导下，筛选出金花清感颗粒、连花清瘟胶囊、血必清注射液、清肺排毒汤、化湿败毒方、宣肺败毒方，共"三药三方"，因证据充分、疗效确切，"三药三方"被编入国家版诊疗方案。

在助手杨丰文的印象中，疫情最紧张的那段时间，张伯礼每天的休息时间只有3小时左右，"让人心疼，又让我们年轻人敬佩"。

杨丰文记得在武汉时，张伯礼去医院给病人看病，从不惧危险。然而，一次走到"红区"门口时，他忽然停下，回过头对杨丰文说，"你就别进去了，在外面等着我"。杨丰文知道，这是老师对学生的疼爱，"可他只想着别人，从来不考虑他自己"。

"'天一'病区，收到请回复……"开舱后的那些天，医护人员每天都能听到对讲机里传来张伯礼的声音。在大家看来，这声音更像是一颗定心丸。但是，就在2020年2月18日那天，天津中医医疗队领队、中医一附院急症部副主任刘学政发现，每天早上 9 点前准时出现在方舱医院的张校长"失约"了。

其实，在那段时间里，除了江夏方舱医院，中药还被大范围地投入其他方舱医院，使用率超过了 90%。张伯礼要指导临床，进入隔离病区看患者，还要负责拟方、巡查医院等。由于长时间不分昼夜地高强度工作，他胆囊炎发作，腹痛难忍，中央指导组的领导强令他住院治疗。2 月 19 日凌晨，张伯礼接受了微创胆囊摘除手术。为了不动摇军心，也不让家人担心，手术前他让医院不用征求家属意见，并且自己签下了手术同意书。

手术醒来的当晚，躺在病床上的张伯礼就开始用手机指导疫情防控工作，这让学生黄明博士心疼不已："术后第 3 天，校长要参加之前定好的疫情防控视频会，为了不让大家知道他生病的消息，他特意让我找来一件外衣帮他穿在病号服外，并让我搀扶他慢慢'挪'下床，坐在椅子上参加了整场会议。"

视频的另一端，没有人知道这是一位刚刚做完手术的病人；视频的这一端，看着镜头外虚弱疲惫的张伯礼，黄明的鼻子酸酸的，"校长把自己的全部身心都投入到中医药抗疫中"。

张伯礼住院期间还豁达地拟诗一首，以表情怀："抗疫战犹酣，身恙保守难。肝胆相照真，割胆留决断。"他风趣地说，"这回把胆留在了武汉，看来这辈子注定与武汉'肝胆相照'了"。术后，张伯礼迅速地重回"战场"。

随后的日子里，好消息一个一个地传来：

3月10日，江夏方舱医院休舱。收治的564例患者中，无一例转为重症，且做到了零感染、零复阳。

3月19日，武汉新增确诊病例、新增疑似病例、现有疑似病例首次全部归零，这一天恰逢张伯礼72岁生日，他说，"武汉清零"就是送给他最好的礼物。

4月16日，在武汉奋战了整整81天的张伯礼凯旋。在回津的高铁上，张伯礼的一段话让黄明终生难忘："只要疫情需要，我定义无反顾。如果不来，这辈子都会后悔死！"也是在那一刻，黄明终于读懂了张伯礼校长的那句"宁负自己，不负人民"。

"医术固然重要，但想成为一名好医生，高尚的道德情操、仁慈的爱心，更为重要。"张伯礼是这样说的，也是这样做的。从医40余年来，他一直用自己的仁心诠释着"大医精诚"的深刻内涵。

2020年8月11日，张伯礼被授予"人民英雄"国家荣誉称号。

张伯礼获得"人民英雄"国家荣誉称号

感品德

张伯礼爷爷忍着病痛，坚持忙碌在抗疫第一线，还用我们的中医方案救治了那么多人，他是祖国的骄傲！

我们虽然不能到一线帮忙，但我们会努力做好防疫工作，好好锻炼身体，努力学习知识，将来像张伯礼爷爷那样，为祖国为人民贡献自己的力量！

在行动

结合张伯礼爷爷的故事，说一说，你们心目中的张爷爷是什么样子呢。和队员分享后，请写一写大家心目中的张爷爷吧。

用渐冻生命托起民族希望

——张定宇

颁奖辞

他是扎根医疗一线的杰出代表，作为渐冻症患者，疫情期间仍义无反顾、冲锋在前、救死扶伤，为打赢湖北保卫战、武汉保卫战做出重大贡献。他是一个战斗者，一个指挥者，也是一颗定心丸。我们在第一时间知道了金银潭医院，却在一个月以后才知道他。他知道自己患上了绝症，却要为患者、为社会燃起希望之光；他阻挡不了自己的病情，却用尽全力去把危重患者拉回来。他的双腿已经开始萎缩，但他站立的地方，却是最坚实的阵地。他就是人民英雄——张定宇。

读故事

在这次武汉抗击疫情战斗中，金银潭医院始终引人关注。这里，累计收治了2220名新冠肺炎确诊患者，其中包括武汉市大多数危重症患者。这里，还因此出现了一个备受关注的人物。他，就是身患渐冻症的"铁人院长"张定宇。

铁人，并非仅仅形容他的意志刚强如铁，还因为他的身体状况。由于病情日益加重，他双腿僵硬，犹如铁具……

2019年12月27日晚7时，像往常一样，张定宇留在办公室，沏上一杯茶，静心处理文件，细心地翻阅报纸，安心地回复微信，既处理了当天事务，又避开了堵车高峰。晚上7时半，大街空敞了，他开车回家，回归自己的小生活。那里，有妻子做的热腾腾的饭菜和家人甜蜜的微笑。

冬季是呼吸道疾病和常见传染病高发期，可今年病例格外稀少。虽是好事，却也有些不正常。是因为暖冬还是有别的原因？张定宇的心里隐隐有一丝不安。当天，他邀来业务副院长黄朝林，想聊一聊。两人刚刚打开话题，手机响了，是本市同济医院的一位专家打来的。对方语气急迫地说，有一位不明原因肺炎患者，肺部呈磨玻璃状，疑似一种新型传染病。对方还说，第三方基因检测公司已在病例样本中检测出冠状病毒 RNA，但该结论并未在检测报告中正式提及。鉴于这种情况，对方询问是否可以将病人转诊过来。

此时，张定宇心底掠过一道闪电。张定宇所在单位是武汉市唯一的传染病专科医院。相关法律规定，传染病要定点集中治疗："你们做好准备，我马上通知值班医生，带车接人！"可一会儿后，对方又打来电话，说病人不愿转院。又是这样，总有患者因忌讳"传染病"三个字，对金银潭医院避忌有加，他叹息一声："那就做好隔离，密切观察吧。"

虽然患者没有过来，但张定宇的内心已经风起浪涌。他当即联系那家第三方检测公司，反复沟通，由对方将未曾公开的相关基因检测数据发送本院合作单位——中科院武汉病毒研究所，进行验证。几个小时后，初步基因比对结果提示：这是一种类似 SARS 的冠状病毒！

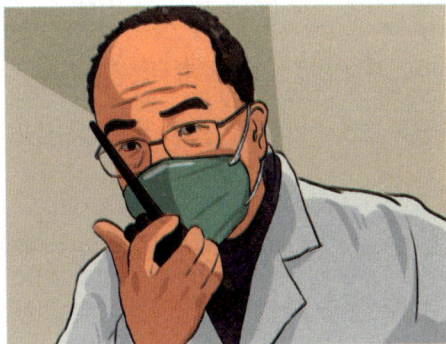

张定宇在工作

2019 年 12 月 29 日下午，湖北省疾控中心来电，省中西医结合医院出现 7 名奇怪的发烧患者，所述病状与同济医院的那名患者类似。张定宇心头一阵惊雷震响。张定宇马上安排黄朝林副院长亲自带队，前往会诊，并叮嘱务必做好二级防护，出动专用负压救护车。最后，又严正强调："每名患者单独接送，一人一车，不要怕麻烦！"

就这样，医护人员们小心翼翼、战战兢兢，直到深夜12时左右，才把患者陆陆续续接入金银潭医院南七楼重症病区。此时，张定宇的双腿，禁不住颤抖起来。他隐隐约约意识到，考验来临了。这是一场战役，一场新中国历史上规模空前的抗疫战斗。

2019年12月30日，武汉市疾控中心相关人员来到金银潭医院。他们反馈，已收治的7名患者的检测结果显示，所有已知病原微生物，均为阴性。张定宇大吃一惊："你们取什么检测的？""咽拭子。"咽拭子取样是在上呼吸道，而肺炎病人的感染已经抵达肺叶。"不行，马上做肺泡灌洗！"张定宇通知纤支镜室主任，采集患者的肺泡灌洗液样本，火速分送省疾控中心、中科院武汉病毒研究所检测。当天下午5时，标本采集完毕。3个小时后，初步结果出来了：病原体均呈阳性！

第二天清晨，国家卫健委派出的工作组和专家组，乘坐第一班飞机抵达武汉。专家组来到金银潭医院，会诊病人和查看相关影像资料。同时，相关人员进行传染病流行病学调查。当晚，武汉市卫健委 10 楼会议室灯火通明。专家组向国家卫健委派驻武汉市工作组汇报临床观察意见。这次会议一个最为紧要的任务就是分析新发疾病，抓紧商议制订一个诊疗方案。会议一直开到第二天凌晨 3 时，这是真正的跨年会议！

2020 年 1 月 1 日早晨 8 时，检测人员紧急采集环境样本 515 份。1 月 3 日，4 家权威科研单位对病例样本进行实验室平行检测，初步评估判定为不明原因病毒性肺炎病原体。1 月 10 日，紧急研发的 PCR 核酸检测试剂运抵武汉，用于现有患者的检测确诊。1 月 12 日，这种全新疾病被正式命名为"新型冠状病毒感染的肺炎"。

查房时，张定宇猛然发现一个问题：病人自费用餐，非但标准不高、营养不全，而且任由剩饭剩菜裸放床头。保洁员束手无策，不便清理，这是一个巨大隐患。他马上下令，即日起，所有病员餐饮费用由本院负担，标准与本院干部职工相同，且全部统一送餐，统一保洁！有人表示不解，这会额外增加医院的经济压力。张定宇说，特殊时期，不算小账！

正在这时，金银潭医院的 50 多名保洁员不辞而别。怎么办？护士和行政人员顶上！第二天，18 名保安也全部离岗。怎么办？生死关头，不能回头！所有党员、后勤人员全部上前线！送餐、保洁、保卫……

在此期间，张定宇紧急招聘多家外部工程队，聚合院内所有人力物力，日夜苦战，用最快速度将全院21个病区全部改造完毕、消毒完毕、布置完毕。大战之前，这是多么艰巨的工程！事后证明，这更是多么及时的工程！

关键时刻，张定宇身边两位最重要的人物先后感染。妻子在武汉市第四医院门诊部负责接诊，虽然小心注意，但还是感染了。听到确诊消息，张定宇眼前一黑，瘫倒在地。他已经好多天没有回家了，现在更是分身乏术，不能前往探视。仅仅几天之后，他在工作上最倚重的战友——业务副院长黄朝林也不幸感染，且是重症。

无奈的张定宇，愤怒的张定宇，疲惫至极的张定宇，眼泪夺眶而出。他如坐针毡，但他别无选择，只有拼命地工作，把所有的措施补防到位，把所有的预案准备到位。

每天晚上，他都要闭眼、面壁，单腿直立半小时。是在祈祷吗？当然不是！2020年大年三十傍晚7时，吃过饭，张定宇突然想起要与病房里的妻子视频，说几句安慰话。他想，这个可怜的女人啊，为他付出了一切，现在身染重病、生死未卜，不仅没有得到他的探望和照顾，连暖心的问候也少之又少。想到这里，张定宇心如刀割。他擦擦眼泪，使劲摇晃麻木的脑袋，想出了几句温柔话。可刚刚酝酿好情绪，电话响了。

他接到紧急通知，解放军陆海空 3 支医疗队共 450 人已乘军机连夜驰援，3 小时后降落武汉。其中，陆军军医大学 150 人医疗队，将直接奔赴金银潭医院。不一会儿，电话再一次响起：上海医疗队 136 名医护人员也将进驻金银潭，凌晨 2 时抵达！"好！好！马上布置，马上迎接！"他挺直身体，一下子来了精神，放下电话，急速召集人马，分头行动，再次冲锋。

前些天，他已经抢在大疫来临之前，把全部病区规划改造完毕。这个"提前量"，在这个节骨眼上帮了他的大忙。想到这里，他心底涌起一股自感豪，他伸出大拇指，狠狠地为自己点了一个赞！的确，张定宇提前完成的这一系列改造工程，太果断了！这，才是一个优秀管理者真正的责任感！

日历翻至 2020 年 1 月 25 日——大年初一。这是全国人民万家团圆的欢乐之夜，人们看完春节联欢晚会之后，大都进入了甜美的梦乡。可张定宇和他的战友们却不能停下，他们要立即清洁消毒、摆放物品，为即将进驻的医疗队能最快投入战斗做好准备。

1 月 26 日下午 1 时，陆军军医大学医疗队接管两个病区。下午 2 时，上海医疗队入驻另外两个病区。截至当晚

11时，金银潭医院已累计收治重症患者657人。火线48小时，张定宇兵不解甲、马不停蹄！

楼道里，大家时时看到张定宇跛行的身影，常常听到他的大嗓门儿，只是他的嗓门越来越大，脚步却越来越迟缓，特别是双腿僵硬，如假肢般愈发不灵便。上楼时，他必须用双手紧握栏杆，用力地拉、拉。有一次，他走着走着，居然趴倒在地，好久站不起来。

1月28日早上8时，全体病区主任召开见面会。简短地汇报工作后，大家准备四散而去、各就各位。但这一次，张定宇破例要求大家留下，似有话说。人们颇感意外，而他却又吞吞吐吐，足足过了一分钟。众人纳闷了，这完全不是张院长的作风啊，从来没有见他如此局促啊。他停顿一下，慢慢张口："兄弟姐妹们，事到如今，我不得不说。再不说，可能要耽误大事。"

大伙儿瞪大眼，眼神里充满问号。这些年来，单位由乱到整，由弱到强，发生了太多太多细细碎碎而又轰轰烈烈的事情。对于这些，大家都已经习惯了，只要有张院长在，便没有什么大事。就像现在，天大的事，不也是他在硬挺挺地支撑着吗？

"我的身体出了问题……"大家一惊，会场一片寂静。"我是……渐冻症！"什么？什么！大伙儿不敢相信，不愿相信。"是的，渐冻症，前年确诊。"他缓缓地却又平静地说，"医生告诉我，或许还有六七年的寿命。现在，我的双腿已经开始萎缩……"渐冻症是运动神经元病，属于人类罕见病。此病多为进行性发展，其病变过程如同活人被渐渐"冻"住，直至身体僵硬、失去生命。更重要的是，这种病无法医治。在座的都是医生，谁不明白呢？联想到他这些天来的异常行动，大家恍然大悟。

张定宇沉默少许，接着说："我向各位兄弟姐妹道歉啊。这两年，我脾气不好，批评你们太多，你们都受委屈了！现在我的时间不多了。在这最后的日子里，我必须跑得更快，才能跑赢时间；我必须跑得更快，才能抢回更多患者；我必须跑得更快，才能和大家一起，跑出病毒的魔掌。现在形势万分危急，我们要用自己的生命保卫武汉！"

说完，他用尽全身力气站起来，一跛一跛地走向前台，双手抱拳，深鞠一躬："拜托大家了！"泪水模糊了大家的眼睛……

在张定宇的主导下，金银潭医院采取了多种治疗方法，比如大量补充氧疗设备，在病房里尽量多地匹配氧气面罩、高流量氧疗、体外膜肺氧合等手段。但仅有这些常规武器还是不行。他们在国家专家组指导下，根据病情给予鼻导管氧疗、高流量湿化氧疗、无创通气治疗、气管插管呼吸机辅助通气等疗法，同时酌情给予抗病毒、抗感染、抗炎、抗休克，纠正内环境紊乱、纠正酸碱平衡失调等治疗。还有血浆疗法。大部分患者康复后，体内都会产生一种特异性抗体，这种抗体可有效杀灭病毒。目前，在缺乏疫苗和特效药物的前提下，采用这种特免血浆制品治疗，可以增加重症患者存活的机会，也可为医生的救治争取更多时间。

张定宇妻子康复后，经过身体检查，符合捐献血浆的条件。2月中旬，她来到丈夫所在的金银潭医院，捐献400毫升血浆。很快，在国家卫健委印发的《新型冠状病毒肺炎诊疗方案（试行第六版）》中，赫然增加"康复者血浆治疗"一项。

金银潭医院的第一个死亡病例出现在2020年1月6日。在ICU病房外，张定宇耐心地与患者家属沟通将近一个小时，试图说服对方同意对逝者尸体进行解剖，但是没有成功。后来，凡有可能，他都会走上前，真诚哀悼之后，苦口婆心地劝说：我们知道凶手是谁，但它到底如何行凶，我们需要知道。只有这样，才能挽救生者。请您理解，请您支持啊……

终于，有家属同意了。2月16日，第1例、第2例患者遗体解剖工作在金银潭医院完成。10天之内，共完成12

例。由解剖获得的直接数据，有望给未来的临床治疗提供有力依据。

疫情发生后，科技部紧急启动针对该病毒的应急科研攻关。金银潭医院承担的多个临床研究项目也陆续上马，涵盖优化临床治疗方案、抗病毒药物筛选、激素使用等急需解决的问题。张定宇当初建造的GCP（国家新药临床试验）平台，此时发挥了大作用。

在武汉前线的几位院士、教授和相关科技人员，迅速在这个平台上展开了克力芝、枸橼酸铋钾、瑞德西韦等药物的临床研究。各种武器一齐开火，瞄准新冠，精准射击。

2月9日，已经超负荷运转43天的金银潭医院，再次接到收治一批危重症患者的紧急任务。21个病区，每层楼都在走廊添加10至14张病床。这天晚上，这里又吃力地接纳了256名危重症患者！那段时间，金银潭医院每天都是这样的节奏，而调动整个医院运转的张定宇，无疑是其中最忙碌、最劳心而又最坚定的那个人。

一天天在萎缩的双腿，时时疼痛，好似抽筋。最痛苦的时候，他必须单腿站立，把全身重心压迫到一条腿上，连续站立半小时左右才能缓解。

当然，坚守的还有他的战友，这些可敬的勇士们。在那些漫长的日子里，他们有家不能回，大都寄宿在自己的汽车里。"汽车宾馆"就是他们战火中的家！

2月21日，金银潭医院收治患者13人，出院56人，出院人数首次超过入院人数，黄朝林副院长的病情也稳住了，他获得了新生，并于3月2日回归医护队伍。截至战"疫"尾声，金银潭医院的820张病床累计收治2220名新冠肺炎患者，其中大多数为危重症患者。

而金银潭医院的勇士们，在与病魔决斗的同时，最大限度地保护了自身。作为战斗最激烈的一个主战场，这里只有9名医护人员感染，且全部治愈。这，堪称奇迹！张定宇和他的战友们，用最大努力和最小牺牲，为保护这座城市尽了全力！

2020年8月11日，张定宇被授予"人民英雄"国家荣誉称号。

感品德

张定宇爷爷不顾个人病痛，不顾妻子安危，日夜守在病人身边，这种全心全意为人民服务的精神值得我们每个人学习。

疫情当前，张定宇爷爷冲锋在先，彰显了共产党员不怕牺牲的先锋本色，是我们全体少先队员学习的榜样。

在行动

队员们，努力学习的同时，我们也要多关心身边爱我们的人，多帮助老师、同学还有爱我们的家人。大家利用周末时间，去关爱、帮助身边的人吧！

不负使命的巾帼英雄

——陈薇

颁奖辞

　　她长期从事生物危害防控研究，新冠肺炎疫情暴发后闻令即动，在基础研究疫苗、防护药物研发方面取得重大成果，为疫情防控作出重大贡献。作为一名军人，她闻令而动、敢打敢拼，展现了钢铁战士的血性本色；作为一名党员，她关键时刻冲得上去、危难关头豁得出来，发挥了党员的先锋模范作用；作为一名院士，她领衔研发全球第一个进入二期临床试验的新冠病毒疫苗，彰显了中国的科技实力，用实际行动谱写了绚丽的奋斗篇章。她就是人民英雄——陈薇。

读故事

2020 年 2 月 26 日是陈薇 54 岁的生日。就在这一天，由她领衔的团队研制的第一批重组新冠疫苗从生产线上下线。上级领导向她发来生日祝福，她说："我当时回答就八个字：除了胜利，别无选择！"

2020 年 9 月 8 日，全国抗击新冠肺炎疫情表彰大会在北京人民大会堂隆重举行，"人民英雄"国家荣誉称号获得者陈薇站上国家最高荣誉台。从缩短核酸检测时间到研制新型疫苗，陈薇与团队所取得的一系列重要科研成果，为此番中国抗击疫情做出了重大贡献。

2020 年 1 月 26 日农历大年初二，陈薇率领军事医学专家组紧急奔赴武汉，围绕病原传播变异、快速检测技术、疫苗抗体研制等迅速开展应急科研攻关，将实验

陈薇在工作

室搬到了这片"没有硝烟的战场"最前沿。

在军事科学院帐篷式移动检测实验室中，陈薇团队迅速搭建核酸检测平台，应用自主研发的检测试剂盒配合核酸全自动提取技术，大大缩短了病毒核酸检测时间，迅速形成日检一千人份的核酸检测能力。这对当时武汉疫情的防控起了非常关键的作用。

虽然核酸检测能力的提升让病毒"难以遁形"，但消灭新冠病毒疫魔仍需要疫苗这一"终极武器"。在抗疫前线，陈薇率领团队与后方科研基地联合作战，向新冠病毒疫苗的研制发起了冲锋。

2020年3月16日，陈薇团队研制的重组新冠疫苗获批启动临床试验。4月12日，疫苗启动二期临床试验，这也是当时全球首个进入二期临床试验的新冠疫苗品种。并且，相关试验结果已在国际医学学术期刊《柳叶刀》上在线发表。

如今，该疫苗已获得国家发明专利授权，三期国际临床试验结果也已经出炉。在一次媒体专访中，陈薇透露，重组新冠疫苗对已经发生变异的新冠病毒能够有效覆盖。此外，陈薇团队还发现了首个靶向刺突蛋白N端结构域的高效中和单克隆抗体，为治疗新冠肺炎提供了强效候选药物，也为新冠病毒作用机制的研究提供了崭新思路。北京时间 2020 年 6 月 22 日 22 时，国际学术期刊《科学》在线发表了该项研究结果。

"几十年积累的十八般武艺，在这个时候，应该说能够想到的、能够做到的，都用上了。"陈薇感叹，科研团队一直处在"养兵千日，用兵千日"的状态下，此次赶赴武汉也并非她第一次带领团队与致命病毒"短兵相接"。

2003 年"非典"肆虐之际，陈薇与课题组连夜进入生物安全实验室，对"非典"病毒展开研究。团队成功研制的"重组人干扰素 ω"，对"非典"病毒的攻击有较好的防护作用，共有 1.4 万名医护人员使用了"重组人干扰素 ω 喷雾剂"，未发生一例感染。

2014 年，西非大规模爆发埃博拉疫情。陈薇又率领团队赴非洲大陆远征病魔，研制出了全球首个抗击埃博拉病毒的新基因型疫苗，实现了中国自主研发疫苗境外临床试验"零"的突破。

鼠疫、炭疽、埃博拉……入伍 29 年，陈薇的研究对象都是些常人避之不及的疫病，被同事称为"魔鬼课题"。正是有着长期"与'毒'共舞"的经验，她与科研团队才能够在此次新冠肺炎疫情期间尽快研制出疫苗并付诸临床试验。即便如此，在陈薇看来，这次抗击新冠肺炎疫情的经历还是与以往有些不同。她在受访时说："一个团队的定力，对我们自己技术的信心，还有对国内外法规的了解，是我们能走到今天，不大一样的地方。"

陈薇曾说，在生物安全领域，你根本不知道未来会发生什么。在她看来，生物安全的防护既要做到"对已知病原有手段"，还要做到"对未来疫情有能力"。2020年全国两会期间，陈薇作为全国政协委员提出了建设国家生物安全科学与产业创新中心的提案，希望将生物安全领域的创新性成果迅速惠及普通百姓。"作为一名军事医学科研人员，我特别希望我们这艘科研'战舰'能够乘风破浪、行稳致远。"在获得"人民英雄"国家荣誉称号后，陈薇说，她与科研团队将为此继续奋发努力，"这是一份荣誉，更是一份责任。只有这样才能不负这个时代，才能不负我们的使命"。

感品德

陈薇阿姨的工作是与病毒打交道，目的是为了了解病毒、战胜病毒，陈薇阿姨是我们敬仰的英雄。

陈薇阿姨是我们心中真正的明星，我们要向陈阿姨学习，长大为人民服务！

在行动

陈薇阿姨不顾个人安危，为了人民健康整日与病毒打交道。在中队生活中，也会有一些繁重、难解决的事，比如打扫难清理的角落的卫生等，你是否愿意主动承担呢？让我们一起行动起来吧！

做先锋读书行动

亲爱的队员们，了解了这么多先锋榜样的故事，相信你们一定有很多收获。大家要边读书，边行动，行动之后用红笔染红一颗颗星星吧！相信你一定会收获闪闪红星。

★ 爱国　★ 敬业　★ 创新　★ 执着　★ 探究

★ 诚实　★ 勇敢　★ 机智　★ 活泼　★ 团结

★ 热心　★ 强健　★ 才艺　★ 爱心　★ 诚实

★ 友爱　★ 孝敬　★ 勤劳　★ 表率　★ 善良